후루룩외국어 X 시대에듀

이렇게 쉽고 맛있는 일본어는 없었다!

생존 여행단어 + 말하기

후루룩외국어 X 시대에듀

머리말

면을 후루룩 넘기듯 쉽고 맛있게 일본어와 친해져 볼까요?

여행지에서 현지 언어로 말이 통했을 때의
짜릿함과 해냈다는 성취감,
이 책은 그런 순간을 생각하며 만들었습니다.

일본 여행에 대한 관심이 부쩍 많아졌음을 느낍니다. 당장 인터넷에 검색만 해 봐도 수많은 여행 후기와 경험담이 쏟아져 나오며, 이제는 단순한 관광지 방문뿐만 아니라 다양한 현지 문화를 구석구석 직접 경험하고 사유하고자 일본 여행을 계획하시는 것 같습니다. 이제는 우리나라 사람들이 일본 여행 전문가가 되었다는 방증일까요? 더 신선하고, 오롯이 나만이 가질 수 있는 특별함을 찾는 모습을 보며, 새삼 달라진 한국인들의 시각과 취향에 놀라고는 합니다.

AI 자동 번역 기술의 발전으로 터치 한 번에 손쉽게 외국어 문장을 만들 수 있는 세상이 되었습니다. 이렇듯 쉽고 빠른 수단이 있음에도 불구하고 이 책을 펼치셨다는 건 분명 남다른 의지의 소유자이실 거란 생각이 듭니다. 바쁜 일상 가운데 시간을 내어 일본어를 익히고, 또 실제로 여행길에 활용해 보고자 하는 마음을 갖고 계신 거니까요. 이 책은 그 여정을 돕고, 더 나아가 독자님의 일상에 활력을 드리는 것이 목표입니다.

이 책은 공항, 호텔, 쇼핑 등 여행을 떠났을 때 반드시 접하게 되는 상황과 더불어 놀이공원, 가챠, 라멘, 이자카야, 캐릭터 굿즈 등 최근 관심도가 높은 여행 테마와 관련된 단어들을 생생한 현지 사진, 여행 팁과 함께 소개합니다. 이어서 학습한 여행 단어를 바로 활용해 볼 수 있도록 연습 코너를 마련했습니다. 직접 빈칸을 채우고 여행 회화를 소리 내어 말해 보며 여행 전 실전 감각을 기르는 데 활용해 보세요.

본문에 수록된 모든 여행 단어와 팁, 그리고 문장들은 오랜 시간 일본에 거주하고 여행을 다니며 피부로 느껴온 결과물입니다. 현지에서 말이 통하지 않아 겪었던 에피소드를 다시금 떠올리며, 독자분들께 이것만 알면 지금 당장 일본에 떨어져도 '생존'할 수 있는 여행 단어와 문장들을 소개하고 싶었습니다. 한때 저의 실패이자 부끄러운 경험이 이렇게 책으로 재탄생하게 된 것을 보면 참 흥미롭기도 합니다.

"내 안에 또 다른 세계가 열리는 경험"

하지만 이 책은 결코 완벽하지 않습니다. 독자님들이 현지에서 책 속 단어들과 문장을 직접 써 보고 말이 통했을 때의 짜릿함과 성취감을 맛보셨을 때, 비로소 이 책은 완성됩니다. 그리고 그 경험이 훗날 자신만의 언어와 노하우, 자신감으로 이어지길 바랍니다.

끝으로 감사한 분들이 참 많습니다. 이 책이 세상에 나올 수 있도록 곁에서 많은 격려와 응원을 보내 주셨던 신명숙 연구소장님과 후루룩외국어연구소 식구들, 일본에서 아낌없는 가르침을 주신 릿쿄대학교 스즈키 야요이 교수님, 그리고 사랑하는 가족과 친구들. 마지막으로 하늘에 계신 할아버지께 이 책을 바칩니다.

이동준 · 후루룩외국어연구소 드림

책의 구성&활용법

'후루룩 일본어 생존 여행단어 + 말하기'는 일본어 노베이스여도 바로 꺼내서 쓸 수 있는 필수 여행단어를 인스타그램 속 생생한 여행 이미지와 함께 익히고, 간단한 실전 말하기 액티비티를 통해 바로 아웃풋에 도전해 볼 수 있도록 구성되어 있습니다. Day1부터 Day14까지 하루 25분씩 총 2주간 커리큘럼에 맞춰 학습해 보세요.

후루룩 외국어는 **자신에게 맞는 속도의 외국어를 추구합니다.**
여행단어와 말하기를 쉽고 맛있게 후루룩 학습해 보세요.

위밍업

❶ 오늘의 테마 맛보기

이번 장에서 연습할 주제를 미리 확인하고 어떤 단어들이 등장할지 추측해 보세요.

❷ 원어민 음성 듣기 QR

본문에 수록된 모든 문장을 원어민의 발음으로 들어볼 수 있어요. 학습에 활용해 보세요.

⊕ MP3파일은 홈페이지에서도 다운로드받으실 수 있어요!

❸ Can-do 확인

이번 장을 모두 마치고 나면 무엇을 달성할 수 있는지 미리 확인할 수 있어요.

1 www.sdedu.co.kr로 접속
2 홈페이지 상단 〈학습자료실〉에서 'MP3' 항목 클릭
3 검색창에 '후루룩 일본어 생존 여행단어 + 말하기' 검색하여 MP3 다운로드

후루룩 학습법

• 후루룩 학습법 체크하기

이 책은 '후루룩 타이머(25분 학습+5분 휴식)'에 맞춰 학습하도록 구성되어 있어요. 본격적인 학습에 앞서 각 코스 요리의 학습목표와 주어진 시간을 미리 체크해 보세요.

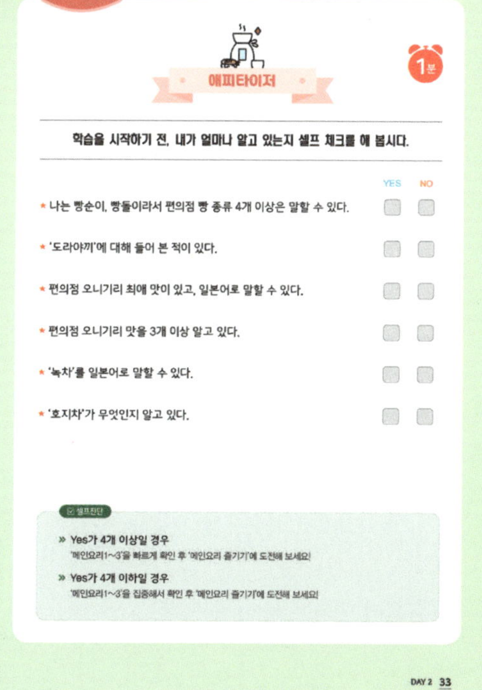

코스1. 애피타이저

후루룩 코스 첫 번째는 <애피타이저>예요. 학습 시작 전에 오늘의 학습 내용에 대해 얼마나 알고 있는지 셀프 체크해 보세요.

❶ 학습 전 셀프 체크

오늘의 학습 내용과 관련된 간단한 6개의 질문에 YES 혹은 NO로 답하며 현재 나의 상태를 체크해 보세요.

❷ 셀프 진단

체크리스트를 마친 후 셀프 진단에 따라 학습 방향 및 계획을 설정해 보세요.

코스2. 메인요리

후루룩 코스 두 번째는 〈메인요리〉예요. 본격적으로 학습을 시작하는 코너로 각 Day 마다 3개씩 학습 테마를 배치했어요.

❶ 여행 이미지와 Tips

인스타그램 이미지 속 리얼한 여행 사진과 에피소드, 그리고 재밌는 여행 꿀팁을 확인해 보세요.

❷ 후루룩! 여행 단어 체크인

당장 일본 여행에서 꺼내 쓸 수 있는 상황별 여행단어 8개를 학습해 보세요. 한국어 발음 표기를 참고하여 단어를 소리 내어 읽으면 학습 효과가 올라갑니다.

- 한자 학습에 대한 거부감을 줄이고, 왕초보 학습자분들도 쉽게 활용해 볼 수 있도록 모든 여행 단어는 히라가나와 가타카나로 표기했어요.

❸ 메인요리 즐기기

여행단어를 직접 쓰고, 말하기 연습을 해 보며 실전 감각을 익히는 코너예요. 2가지 액티비티로 아웃풋을 경험해 보세요.

- 우측 상단 QR코드를 스캔하여 원어민의 생생한 발음을 듣고 따라해 보세요.
- 일본어는 띄어쓰기가 없지만 학습 편의를 위해 문장을 띄어쓰기했어요.

애피타이저 | 메인요리 ❶ | 메인요리 ❷ | 메인요리 ❸ | 디저트

디저트

5분 휴식

학습을 마친 후, 얼마나 이해했는지 다시 한번 체크해 보세요!

	그렇다	보통이다	모르겠다
★ 가챠 기계에 동전이 걸렸다고 말할 수 있다.	☐	☐	☐
★ 'チェインソーマン(체인소맨)'의 가챠가 있는지 물어볼 수 있다.	☐	☐	☐
★ 점원에게 중고 피규어인지 물어볼 수 있다.	☐	☐	☐
★ 'みかいふう', 'はこなし'가 어떤 의미인지 안다.	☐	☐	☐
★ 'らくがき'가 어떤 의미인지 설명할 수 있다.	☐	☐	☐
★ 보정 없는 프리쿠라 기계가 있는지 물어볼 수 있다.	☐	☐	☐

* 스코어 계산법 : 그렇다=3점, 보통이다=2점, 모르겠다=1점

나의 합계 스코어는 ____ 점

셀프진단

» 14점 이상 ★★★
정말 훌륭합니다! '메인 요리1~3'을 입으로 뱉어 본 후 바로 학습을 종료해 주세요.

» 9~13점 ★★
거의 다 왔습니다! 약한 부분만 시간에 맞춰 다시 학습한 후 학습을 종료해 주세요.

» 9점 미만 ★
괜찮아요! 다시 한번 차근차근 '메인 요리1~3'을 학습해 봅시다!

150 후루룩 일본어 생존 여행단어+말하기

코스3. 디저트

후루룩 코스의 마지막은 〈디저트〉예요. 학습을 모두 마친 후 오늘의 학습 내용에 대해 얼마나 이해했는지 다시 한번 체크해 볼 수 있어요.

❶ 학습 후 실력 점검

앞에서 학습한 내용에 대한 디테일한 질문 6개에 '그렇다/보통이다/모르겠다' 3단계로 답하고 합계 스코어를 계산하여 나의 실력을 최종 점검해 보세요.

❷ 마무리 진단

정밀 진단에 따라 약한 부분을 복습할지 혹은 학습을 종료할지 스스로 컨트롤할 수 있어요.

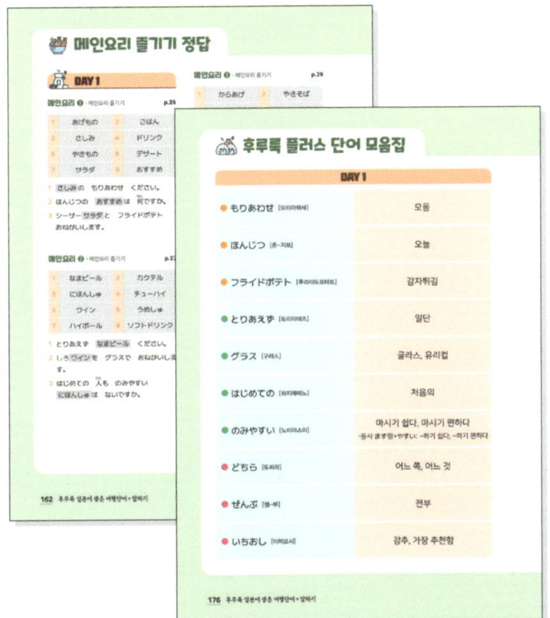

메인요리 즐기기 정답

DAY 1

메인요리 ❶ · 메인요리 즐기기 p.25

1	あげもの	2	ごはん
3	さしみ	4	ドリンク
5	やきもの	6	デザート
7	サラダ	8	おすすめ

1 さしみの もりあわせ ください。
2 ほんじつの おすすめは 何ですか。
3 シーザーサラダと フライドポテト おねがいします。

메인요리 ❷ · 메인요리 즐기기 p.27

1	なまビール	2	カクテル
3	にほんしゅ	4	チューハイ
5	ワイン	6	うめしゅ
7	ハイボール	8	ソフトドリンク

1 とりあえず なまビール ください。
2 しろワインを グラスで おねがいします。
3 はじめての 人も のみやすい にほんしゅは ないですか。

메인요리 ❸ · 메인요리 즐기기 p.29

1 からあげ 2 やきそば

162 후루룩 일본어 생존 여행단어+말하기

후루룩 플러스 단어 모음집

DAY 1

● もりあわせ [모리아와세]	모둠
● ほんじつ [혼-지츠]	오늘
● フライドポテト [후라이도포테토]	감자튀김
● とりあえず [토리아에즈]	일단
● グラス [구라스]	글라스, 유리컵
● はじめての [하지메테노]	처음의
● のみやすい [노미야스이]	마시기 쉽다, 마시기 편하다 -동사 ます형+やすい: ~하기 쉽다, ~하기 편하다
● どちら [도치라]	어느 쪽, 어느 것
● ぜんぶ [젱-부]	전부
● いちおし [이치오시]	강추, 가장 추천함

176 후루룩 일본어 생존 여행단어+말하기

부록

- **메인요리 즐기기 정답**

  〈메인요리 즐기기〉 코너 연습 문제의 정답을 확인할 수 있도록 정답지를 부록 162p에 수록했어요.

- **후루룩 플러스 단어 모음집**

  여행단어 8개 외에 본문에 등장했던 여러 단어들을 한눈에 볼 수 있도록 부록 176p에 정리했어요. 추가 단어까지 정리하여 일본어의 디테일을 높일 수 있어요.

먼저 읽어 보는 일본어

✲ 본격적인 학습을 시작하기 전 일본어 문자와 인사말 표현에 대해 가볍게 읽어 보세요.

1. 히라가나 : 일본어를 구성하는 가장 기본적인 문자로 총 46개예요.

	あ단	い단	う단	え단	お단
あ행	あ 아[a]	い 이[i]	う 우[u]	え 에[e]	お 오[o]
か행	か 카[ka]	き 키[ki]	く 쿠[ku]	け 케[ke]	こ 코[ko]
さ행	さ 사[sa]	し 시[shi]	す 스[su]	せ 세[se]	そ 소[so]
た행	た 타[ta]	ち 치[chi]	つ 츠[tsu]	て 테[te]	と 토[to]
な행	な 나[na]	に 니[ni]	ぬ 누[nu]	ね 네[ne]	の 노[no]
は행	は 하[ha]	ひ 히[hi]	ふ 후[hu]	へ 헤[he]	ほ 호[ho]
ま행	ま 마[ma]	み 미[mi]	む 무[mu]	め 메[me]	も 모[mo]
や행	や 야[ya]		ゆ 유[yu]		よ 요[yo]
ら행	ら 라[ra]	り 리[ri]	る 루[ru]	れ 레[re]	ろ 로[ro]
わ행	わ 와[wa]				を 오[wo]
ん	ん 응[N]				

Tips!

- わ행의 'を'는 우리말 '~을/를'과 같이 조사의 역할을 하며 혼자서 쓰이지 않아요.
- ん은 우리말 받침 중 'ㄴ, ㅁ, ㅇ'과 발음이 유사하고, 주로 다른 글자와 붙어 받침과 같은 역할을 해요.

2. 가타카나 : 주로 외래어를 표기할 때 사용하는 문자로 개수는 히라가나와 같아요.

	ア 단	イ 단	ウ 단	エ 단	オ 단
ア 행	ア 아[a]	イ 이[i]	ウ 우[u]	エ 에[e]	オ 오[o]
カ 행	カ 카[ka]	キ 키[ki]	ク 쿠[ku]	ケ 케[ke]	コ 코[ko]
サ 행	サ 사[sa]	シ 시[shi]	ス 스[su]	セ 세[se]	ソ 소[so]
タ 행	タ 타[ta]	チ 치[chi]	ツ 츠[tsu]	テ 테[te]	ト 토[to]
ナ 행	ナ 나[na]	ニ 니[ni]	ヌ 누[nu]	ネ 네[ne]	ノ 노[no]
ハ 행	ハ 하[ha]	ヒ 히[hi]	フ 후[hu]	ヘ 헤[he]	ホ 호[ho]
マ 행	マ 마[ma]	ミ 미[mi]	ム 무[mu]	メ 메[me]	モ 모[mo]
ヤ 행	ヤ 야[ya]		ユ 유[yu]		ヨ 요[yo]
ラ 행	ラ 라[ra]	リ 리[ri]	ル 루[ru]	レ 레[re]	ロ 로[ro]
ワ 행	ワ 와[wa]				ヲ 오[wo]
ン	ン 응[N]				

Tips!

- 생김새가 비슷한 글자에 유의하셔야 해요. 예 シ(시) – ツ(츠) | ソ(소) – ン(응)
- ワ행의 'ヲ' 또한 조사 '~을/를'의 역할을 하나 잘 사용하지 않는 글자예요.

3. 탁음 : か・さ・た・は행에서 쓰이는 문자로 우측 위에 2개의 점 ‘ ゛’으로 표기해요.

が ガ	가 ga	ぎ ギ	기 gi	ぐ グ	구 gu	げ ゲ	게 ge	ご ゴ	고 go
ざ ザ	자 za	じ ジ	지 ji	ず ズ	즈 zu	ぜ ゼ	제 ze	ぞ ゾ	조 zo
だ ダ	다 da	ぢ ヂ	지 ji	づ ヅ	즈 zu	で デ	데 de	ど ド	도 do
ば バ	바 ba	び ビ	비 bi	ぶ ブ	부 bu	べ ベ	베 be	ぼ ボ	보 bo

4. 반탁음 : は행에서 쓰이는 문자로 우측 위에 1개의 동그라미 ‘ ゜’로 표기해요.

ぱ パ	파 pa	ぴ ピ	피 pi	ぷ プ	푸 pu	ぺ ペ	페 pe	ぽ ポ	포 po

5. 요음 : い단 글자 옆에 や행의 3글자 ‘や・ゆ・よ’를 작게 붙여 쓴 문자예요.

きゃ キャ	캬 kya	きゅ キュ	큐 kyu	きょ キョ	쿄 kyo	にゃ ニャ	냐 nya	にゅ ニュ	뉴 nyu	にょ ニョ	뇨 nyo
ぎゃ ギャ	갸 gya	ぎゅ ギュ	규 gyu	ぎょ ギョ	교 gyo	ひゃ ヒャ	햐 hya	ひゅ ヒュ	휴 hyu	ひょ ヒョ	효 hyo
しゃ シャ	샤 sha	しゅ シュ	슈 shu	しょ ショ	쇼 sho	びゃ ビャ	뱌 bya	びゅ ビュ	뷰 byu	びょ ビョ	뵤 byo
じゃ ジャ	쟈 ja	じゅ ジュ	쥬 ju	じょ ジョ	죠 jo	ぴゃ ピャ	퍄 pya	ぴゅ ピュ	퓨 pyu	ぴょ ピョ	표 pyo
ちゃ チャ	챠 cha	ちゅ チュ	츄 chu	ちょ チョ	쵸 cho	みゃ ミャ	먀 mya	みゅ ミュ	뮤 myu	みょ ミョ	묘 myo
ぢゃ ヂャ	쟈 ja	ぢゅ ヂュ	쥬 ju	ぢょ ヂョ	죠 jo	りゃ リャ	랴 rya	りゅ リュ	류 ryu	りょ リョ	료 ryo

6. 촉음 : た행의 つ을 조그맣게(っ・ッ) 표기한 것으로, 글자 뒤에 붙어 받침과 같은 역할을 해요. 다만 우리말의 받침과 달리 한 박자로 발음되는 점에 주의하셔야 해요.

❶ 촉음이 か행 앞에 오는 경우 **[ㄱ] 발음**

예 がっこう [가ㄱ꼬–] 학교 | コロッケ [코로ㄱ케] 고로케

❷ 촉음이 さ・た행 앞에 오는 경우 **[ㅅ] 발음**

예 ざっし [자ㅅ시] 잡지 | ネット [네ㅅ또] 인터넷

❸ 촉음이 ぱ행 앞에 오는 경우 **[ㅂ] 발음**

예 しっぽ [시ㅂ뽀] 꼬리 | スリッパ [스리ㅂ빠] 슬리퍼

7. 발음 : 히라가나의 'ん', 가타카나의 'ン'을 말하며 촉음과 마찬가지로 우리말 받침과 유사한 역할을 해요. 역시 한 박자로 발음해야 해요.

❶ 발음이 か・が행 앞에 오는 경우 **[ㅇ] 발음**

예 にほんご [니호ㅇ고] 일본어 | シンガー [시ㅇ가–] 가수

❷ 발음이 さ・ざ・た・だ・な・ら행 앞에 오는 경우 **[ㄴ] 발음**

예 べんり [베ㄴ리] 편리(함) | レンズ [레ㄴ즈] 렌즈

❸ 발음이 ま・ば・ぱ행 앞에 오는 경우 **[ㅁ] 발음**

예 せんぱい [세ㅁ빠이] 일본어 | キャンプ [캬ㅁ뿌] 캠프

❹ 발음이 あ・は・や・わ행 앞, 맨 끝에 오는 경우 **[ㄴ,ㅇ] 발음**

예 でんわ [데ㅇ와] 전화 | リボン [리보ㅇ] 리본

8. 일상생활 인사말 표현

おはようございます。
안녕하세요.(아침)

こんにちは。
안녕하세요.(점심)

こんばんは。
안녕하세요.(저녁)

さようなら。(じゃ、また。)
안녕히 가세요. (그럼, 또 보자.)

おげんきで。
잘 지내세요.

おやすみなさい。(おやすみ。)
안녕히 주무세요. (잘 자.)

いただきます。
잘 먹겠습니다.

ごちそうさまでした。
잘 먹었습니다.

ありがとうございます。
고맙습니다.
どういたしまして。
천만에요.

すみません。
죄송합니다.

すみません。
감사합니다.

すみません。
저기요.

PREFACE STRUCTURES OVERVIEW **CONTENTS**

2주 동안 쉽고 맛있는 일본어 요리를 맛 보며 여행 감성을 느껴 보세요!

DAY 1
이자카야

"일단 생맥주 주세요"

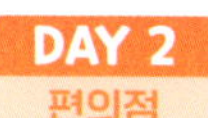

"초코칩 멜론빵을 찾고 있는데요"

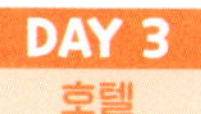

"체크인 전에 짐을 맡길 수 있나요?"

'1일 1후루룩'을 달성했다면 박스에 체크 표시 ✔를 해 보세요!

1후루룩 완료!

DAY 12 긴급상황 "휴대폰 충전할 수 있는 곳 없을까요?"

1후루룩 완료!

DAY 13 놀거리 "귀멸의 칼날 가챠는 없나요?"

1후루룩 완료!

DAY 14 귀국 "27번 게이트는 어떻게 가나요?"

특별부록

생존 여행단어 + 말하기

お前は間違ってない。
やりたきゃやれ。

ー「進撃の巨人」リヴァイの言葉 ー

너는 틀리지 않았어.
하고 싶다면 해.

- '진격의 거인' 리바이의 대사 중 -

"일단 생맥주 주세요"

원어민 음성듣기

오늘의 후루룩 코스

애피타이저

메인요리1~3

디저트

Day 1 학습을 모두 마치면

현지 이자카야 메뉴 어휘들을 익히고 점원에게 원하는 메뉴를 주문할 수 있어요.

후루룩 학습법

▸ 25분 학습 ◂ + ▸ 5분 휴식 ◂ = "1일 1후루룩 했다!"

1분 워밍업

- **애피타이저** 학습 전 셀프 체크하기

24분 집중

- **메인요리 ❶** 이자카야 대표 메뉴
- **요리 즐기기** 어휘 퀴즈 & 여행 회화
- **메인요리 ❷** 이자카야 술 메뉴
- **요리 즐기기** 어휘 퀴즈 & 여행 회화
- **메인요리 ❸** 이자카야 인기 메뉴
- **요리 즐기기** 어휘 퀴즈 & 여행 회화

5분 휴식

- **디저트** 학습 후 다시 한번 셀프 진단하기

애피타이저

학습을 시작하기 전, 내가 얼마나 알고 있는지 셀프 체크를 해 봅시다.

	YES	NO
★ '생선회'를 일본어로 말할 수 있다.	☐	☐
★ 이자카야 직원에게 주문을 할 수 있다.	☐	☐
★ '생맥주'를 일본어로 말할 수 있다.	☐	☐
★ '츄하이'가 무엇인지 알고 있다.	☐	☐
★ 현지 이자카야 대표 메뉴를 3개 이상 말할 수 있다.	☐	☐
★ 야끼토리의 2가지 맛을 설명할 수 있다.	☐	☐

☑ 셀프진단

» Yes가 4개 이상일 경우
'메인요리1~3'을 빠르게 확인 후 '메인요리 즐기기'에 도전해 보세요!

» Yes가 4개 이하일 경우
'메인요리1~3'을 집중해서 확인 후 '메인요리 즐기기'에 도전해 보세요!

메인요리 ❶

이자카야 대표 메뉴, 이것만 알면 끝!

hururuk_official

3.2만 75 1,000 1.5만

sidaeedu님 외 **여러 명**이 좋아합니다

hururuk_official 현지 이자카야는 뭐가 다를까? #이자카야비교체험 #맛있는냄새#추천받아봐야지

이자카야에서 술과 음식 등을 주문했을 때 제공되는 'お通し(오토-시)(기본 안주)'에는 기본적으로 300~500엔 사이의 요금이 붙어요. 일종의 '자릿세' 개념으로 생각하시면 된답니다.

후루룩! 여행 단어 체크인

체크!

- あげもの [아게모노] 튀김류, 튀긴 음식
- ごはん [고항-] 밥, 식사류
- さしみ [사시미] 회, 생선회
- ドリンク [도링쿠] 술, 음료
- やきもの [야끼모노] 구이류, 구운 음식
- デザート [데자-또] 후식, 디저트
- サラダ [사라다] 샐러드
- おすすめ [오스스메] 추천 메뉴

메인요리 즐기기

발음듣기

우리말 뜻을 보고 알맞은 단어를 일본어로 써 보자!

1 튀김류, 튀긴 음식		2 밥, 식사류	
3 회, 생선회		4 술, 음료	
5 구이류, 구운 음식		6 후식, 디저트	
7 샐러드		8 추천 메뉴	

빈칸에 알맞은 단어를 넣어 여행 회화를 연습해 보자!

1 ＿＿＿＿＿＿ の　もりあわせ　ください。
[사시미노　모리아와세　쿠다사이]
모둠 생선회 주세요.

2 ほんじつの ＿＿＿＿＿＿ は　何(なん)ですか。
[혼-지쯔노　오스스메와　난-데스까]
오늘의 추천 메뉴는 뭔가요?

3 シーザー ＿＿＿＿＿＿ と　フライドポテト　おねがいします。
[시-자-사라다또　후라이도포테토　오네가이시마스]
시저 샐러드와 감자튀김 부탁드려요.

정답은 요리즐기기 정답 162p에서 확인!

메인요리 ❷

이자카야 술 메뉴, 이것만 알면 끝!

hururuk_official

2.7만 83 925 1.8만

sidaeedu님 외 **여러 명**이 좋아합니다

hururuk_official 호텔 근처 이자카야에 술 한잔 하러 왔어요 #취한다취해#일단맥주로#목축이기#와내려가는게느껴짐

- 'とりあえず生で(토리아에즈나마데)(일단 생맥주세요)'는 현지인들이 이자카야에 들어가서 점원에게 가장 처음 말하는 단골 멘트예요.
- 'チューハイ(츄-하이)(츄하이)'는 일본식 소주에 과즙, 탄산수 등을 넣어 달달한 맛을 가미한 술이에요.

후루룩! 여행 단어 체크인

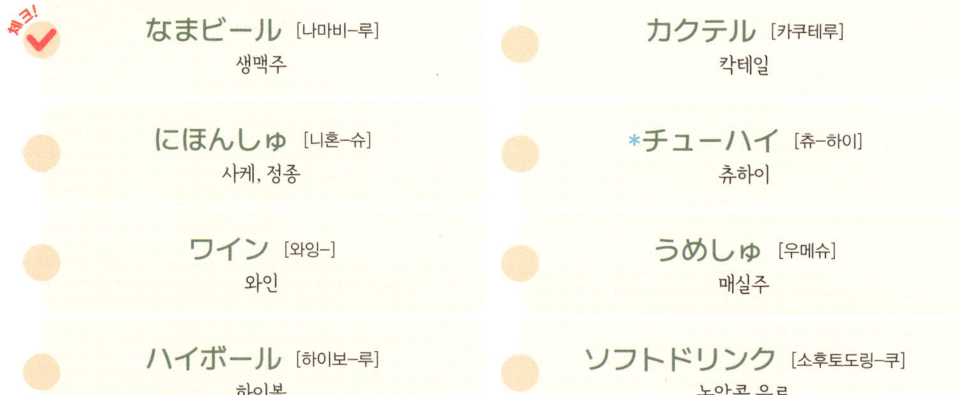

체크!

- なまビール [나마비-루] 생맥주
- カクテル [카쿠테루] 칵테일
- にほんしゅ [니혼-슈] 사케, 정종
- *チューハイ [츄-하이] 츄하이
- ワイン [와잉-] 와인
- うめしゅ [우메슈] 매실주
- ハイボール [하이보-루] 하이볼
- ソフトドリンク [소후토도링-쿠] 논알콜 음료

메인요리 즐기기

우리말 뜻을 보고 알맞은 단어를 일본어로 써 보자!

1 생맥주	2 칵테일
3 사케, 정종	4 츄하이
5 와인	6 매실주
7 하이볼	8 논알콜 음료

빈칸에 알맞은 단어를 넣어 여행 회화를 연습해 보자!

1 とりあえず ________ ください。
[토리아에즈 나마비–루 쿠다사이]
일단 생맥주 주세요.

2 しろ ________ を グラスで おねがいします。
[시로와잉–오 그라스데 오네가이시마스]
화이트 와인을 글라스로 부탁드려요.

3 はじめての 人(ひと)も のみやすい ________ は ないですか。
[하지메떼노 히또모 노미야스이 니혼–슈와 나이데스까]
초보자도 부담 없이 마실 수 있는 사케는 없나요?

정답은 요리즐기기 정답 162p에서 확인!

메인요리 ❸

이자카야 인기 메뉴, 이것만 알면 끝!

3.5만 96 1,113 2.3만

sidaeedu님 외 **여러 명**이 좋아합니다

hururuk_official 야끼토리 주문했는데 군침 돌죠? #소스하고소금반반#인기메뉴다먹고갈거임

여행 Tips!

- '焼き鳥(일본식 닭꼬치)'를 주문할 때 점원들은「タレ(소스)」에 발라 구울 것인지「塩(소금)」를 뿌려 구울 것인지를 물어보는데요. 여러분은 어느 쪽이 더 좋으세요?
- 'たこわさ(타코와사비)'는 'たこ(문어)'와 'わさび(와사비)'의 합성어로, 생문어를 고추 냉이, 술, 소금, 조미료 등과 함께 버무린 젓갈 요리를 말해요. 일본인들에게 사랑 받는 안주 중 하나로, 가게에 따라 기본 안주로 제공하는 곳도 많답니다.

후루룩! 여행 단어 체크인

- からあげ [가라아게]
  가라아게, 일본식 닭 튀김
- やきそば [야끼소바]
  야끼소바, 볶음면
- たまごやき [타마고야끼]
  계란말이
- もつにこみ [모쯔니코미]
  곱창 조림
- *たこわさ [타코와사]
  타코와사비
- やきとり [야끼토리]
  야끼토리, 닭꼬치
- ひややっこ [히야약-꼬]
  냉두부
- えだまめ [에다마메]
  삶은 풋콩

메인요리 즐기기

우리말 뜻을 보고 알맞은 단어를 일본어로 써 보자!

1 가라아게, 일본식 닭 튀김

2 야끼소바, 볶음면

3 계란말이

4 곱창 조림

5 타코와사비

6 야끼토리, 닭꼬치

7 냉두부

8 삶은 풋콩

빈칸에 알맞은 단어를 넣어 여행 회화를 연습해 보자!

1 **점원:** ____________ は　タレと　しお、どちらに　なさいますか。

[야끼토리와 타레또 시오 도찌라니 나사이마스까]

닭꼬치는 소스와 소금 구이 어느 것으로 하시겠습니까?

나: ぜんぶ　タレで。

[젬-부 타레데]

전부 소스로 할게요.

2 このみせ　いちおしの ____________ は　何(なん)ですか。

[코노미세 이찌오시노 야끼소바와 난-데스까]

이 가게에서 강추하는 야끼소바는 어떤 건가요?

정답은 요리즐기기 정답 162p에서 확인!

학습을 마친 후, 얼마나 이해했는지 다시 한번 체크해 보세요!

	그렇다	보통이다	모르겠다
★ 'あげもの'와 'やきもの'의 차이를 안다.	☐	☐	☐
★ '오늘의 추천 메뉴는 뭔가요?'라고 말할 수 있다.	☐	☐	☐
★ '츄하이'가 어떤 음료인지 설명할 수 있다.	☐	☐	☐
★ 'とりあえず生(나마)で'가 어떤 뜻의 멘트인지 알고 있다.	☐	☐	☐
★ 현지 이자카야 대표 메뉴를 6개 이상 말할 수 있다.	☐	☐	☐
★ 'たこわさ'가 어떤 메뉴인지 설명할 수 있다.	☐	☐	☐

* 스코어 계산법 :
그렇다=3점, 보통이다=2점, 모르겠다=1점

나의 합계 스코어는 ______ 점

☑ 셀프진단

» **14점 이상 ★★★**
정말 훌륭합니다! '메인 요리1~3'을 입으로 뱉어 본 후 바로 학습을 종료해 주세요.

» **9~13점 ★★**
거의 다 왔습니다! 약한 부분만 시간에 맞춰 다시 학습한 후 학습을 종료해 주세요.

» **9점 미만 ★**
괜찮아요! 다시 한번 차근차근 '메인 요리1~3'을 학습해 봅시다!

원어민 음성듣기

"초코칩 멜론빵을 찾고 있는데요"

오늘의 후루룩 코스

애피타이저

메인요리1~3

디저트

Day 2 학습을 모두 마치면

일본 편의점의 다양한 먹거리 어휘를 배워 편의점을 제대로 즐길 수 있어요.

후루룩 학습법

▸ 25분 학습 ◂ + ▸ 5분 휴식 ◂ = "1일 1후루룩 했다!"

1분 워밍업

• **애피타이저**	학습 전 셀프 체크하기

24분 집중

• **메인요리 ❶**	편의점 빵과 디저트
• **요리 즐기기**	어휘 퀴즈 & 여행 회화
• **메인요리 ❷**	편의점 오니기리
• **요리 즐기기**	어휘 퀴즈 & 여행 회화
• **메인요리 ❸**	편의점 음료
• **요리 즐기기**	어휘 퀴즈 & 여행 회화

5분 휴식

• **디저트**	학습 후 다시 한번 셀프 진단하기

학습을 시작하기 전, 내가 얼마나 알고 있는지 셀프 체크를 해 봅시다.

	YES	NO
★ 나는 빵순이, 빵돌이라서 편의점 빵 종류 4개 이상은 말할 수 있다.	☐	☐
★ '도라야끼'에 대해 들어 본 적이 있다.	☐	☐
★ 편의점 오니기리 최애 맛이 있고, 일본어로 말할 수 있다.	☐	☐
★ 편의점 오니기리 맛을 3개 이상 알고 있다.	☐	☐
★ '녹차'를 일본어로 말할 수 있다.	☐	☐
★ '호지차'가 무엇인지 알고 있다.	☐	☐

☑ 셀프진단

» Yes가 4개 이상일 경우
'메인요리1~3'을 빠르게 확인 후 '메인요리 즐기기'에 도전해 보세요!

» Yes가 4개 이하일 경우
'메인요리1~3'을 집중해서 확인 후 '메인요리 즐기기'에 도전해 보세요!

메인요리 ❶

편의점 빵과 디저트, 이것만 알면 끝!

hururuk_official

3.2만 75 1,000 1.5만

sidaeedu님 외 **여러 명**이 좋아합니다

hururuk_official 패밀리마트, 세븐일레븐, 로손 편의점 빵과 디저트 비교해 보기! #일본3대편의점빵비교#편의점디저트추천

여행 Tips!

- 현지 편의점의 빵과 디저트류의 퀄리티는 여느 베이커리나 디저트 전문점 못지 않아요. 부드러운 푸딩 위에 폭신한 수플레를 얹은 패밀리마트의 대표 푸딩 'スフレプリン(스후레푸링-)(스플레 푸딩)'과, 모찌모찌한 식감의 로손 'もち食感ロール(모찌숔-깐-로-루)(모찌롤)'은 기회가 되면 꼭 드셔 보세요! 집에 가면 생각나는 그런 맛이랍니다.
- 'どらやき(도라야끼)(도라야끼)'는 살짝 부풀린 원반 모양의 카스텔라 반죽 두 장 사이에 팥앙금을 넣은 일본 전통 과자예요.

후루룩! 여행 단어 체크인

- プリン [푸링-] 푸딩
- やきそばパン [야끼소바팡-] 야끼소바빵
- カツサンド [카츠산-도] 카츠산도
- メロンパン [메롱-팡-] 멜론빵
- *どらやき [도라야끼] 도라야끼
- クレープ [쿠레-푸] 크레이프
- クリームシュー [쿠리-무슈-] 크림슈
- ロールケーキ [로-루케-끼] 롤케이크

메인요리 즐기기

발음듣기

우리말 뜻을 보고 알맞은 단어를 일본어로 써 보자!

1 푸딩	2 야끼소바빵
3 카츠산도	4 멜론빵
5 도라야끼	6 크레이프
7 크림슈	8 롤케이크

빈칸에 알맞은 단어를 넣어 여행 회화를 연습해 보자!

1 この ________________ 、 あたためて　ください。
[고노야끼소바팡- 아타따메떼 쿠다사이]
이 야끼소바빵 데워 주세요.

2 すいません、 ________________ は　どこに　ありますか。
[스이마셍- 크리-무슈-와 도꼬니 아리마스까]
저기요, 크림슈는 어디에 있나요?

3 チョコチップ ________________ を　さがしてるんですが。
[쵸코칩-뿌메롱-팡-오 사가시떼룬-데스가]
초코칩 멜론빵을 찾고 있는데요.

정답은 요리즐기기 정답 163p에서 확인!

메인요리 ❷

편의점 오니기리, 이것만 알면 끝!

일본식 주먹밥 '오니기리'를 일본어로는 발음 그대로 'おにぎり(오니기리)'라고 하며, 'おむすび(오무스비)'라고 말하기도 해요. 로손과 미니스톱 그리고 훗카이도의 세이코마트는 'おにぎり(오니기리)', 패밀리마트는 주로 'おむすび(오무스비)'라고 부르며, 세븐일레븐은 두 단어를 함께 사용해요. 사실 둘의 명확한 차이는 없다고 볼 수 있어요.

후루룩! 여행 단어 체크인

- ツナマヨ [츠나마요] 참치마요
- めんたいこ [멘–따이코] 명란
- おかか [오까까] 가다랑어
- さけ・しゃけ [사께 · 샤께] 연어
- こんぶ [콤–부] 다시마 조림
- うめぼし [우메보시] 매실 장아찌
- なっとう [낫–토–] 낫또
- イクラ [이꾸라] 연어알

메인요리 즐기기

발음듣기

우리말 뜻을 보고 알맞은 단어를 일본어로 써 보자!

1 참치마요	2 명란
3 가다랑어	4 연어
5 다시마 조림	6 매실 장아찌
7 낫또	8 연어알

빈칸에 알맞은 단어를 넣어 여행 회화를 연습해 보자!

1 나: あのー、 .... の　おにぎりは　もう　ないですか。
[아노– 츠나마요노 오니기리와 모– 나이데스까]
저기요, 참치마요 오니기리는 이제 없나요?

점원: もうしわけございません。 ただいま　うりきれです。
[모–시와께고자이마셍– 타다이마 우리키레데스]
죄송합니다. 현재 품절입니다.

2 .... あじは　ちょっと　にがてです。
[낫–토– 아지와 춋–또 니가테데스]
낫또 맛(오니기리)은 잘 못 먹어요.

정답은 요리즐기기 정답 163p에서 확인!

메인요리 ❸

편의점 음료, 이것만 알면 끝!

- 마시는 차에 진심인 사람들답게 편의점 음료 코너에는 각양각색의 차 음료가 놓여 있어요. 위에서 소개한 것들 외에도 'ルイボスティー(루이보스티)'나 'ウーロン茶(우롱차)' 등도 일본인들에게 사랑받는 차랍니다.
- 'ほうじ茶(호지차)'는 일본 녹차의 한 종류로, 찻잎을 볶아서 만든 차를 말해요. 녹차가 찻잎을 찌거나 덖지 않고 우려 씁쓸하고 깔끔한 맛이 나는 반면, 호지차는 고소하고 부드러우며 카페인이 상대적으로 적어서 부담이 없어요.

후루룩! 여행 단어 체크인

こうちゃ [코–챠] 홍차	ミルクティー [미루쿠티–] 밀크티
りょくちゃ [료쿠챠] 녹차	コーヒー [코–히–] 커피
ぎゅうにゅう [규–뉴–] 우유	むぎちゃ [무기챠] 보리차
ヨーグルト [요–구루또] 요거트	*ほうじちゃ [호–지챠] 호지차

메인요리 즐기기

발음듣기

우리말 뜻을 보고 알맞은 단어를 일본어로 써 보자!

1 홍차	2 밀크티
3 녹차	4 커피
5 우유	6 보리차
7 요거트	8 호지차

빈칸에 알맞은 단어를 넣어 여행 회화를 연습해 보자!

1 「のむバニラ＿＿＿＿＿」は　しなぎれですか。
['노무바니라요-구루또'와 시나기레데스까]
'마시는 바닐라 요거트'는 품절인가요?

2 カフェインゼロの＿＿＿＿＿は　ありませんか。
[카훼인-제로노 료쿠챠와 아리마셍-까]
카페인이 안 들어간 녹차는 없나요?

3 この＿＿＿＿＿、今日(きょう)のですか。
[고노규-뉴- 쿄-노데스까]
이 우유 오늘 나온 건가요?

정답은 요리즐기기 정답 163p에서 확인!

디저트

학습을 마친 후, 얼마나 이해했는지 다시 한번 체크해 보세요!

	그렇다	보통이다	모르겠다
★ 패밀리마트와 로손의 인기 디저트, 빵을 알고 있다.	☐	☐	☐
★ 야끼소바빵을 데워달라고 부탁할 수 있다.	☐	☐	☐
★ 'おにぎり'와 'おむすび'에 대해 설명할 수 있다.	☐	☐	☐
★ 편의점 오니기리 맛을 6개 이상 알고 있다.	☐	☐	☐
★ 'りょくちゃ'와 'ほうじちゃ'의 차이를 안다.	☐	☐	☐
★ 점원에게 카페인이 없는 녹차는 없는지 문의할 수 있다.	☐	☐	☐

* 스코어 계산법 :
그렇다=3점, 보통이다=2점, 모르겠다=1점

나의 합계 스코어는 ______ **점**

☑ 셀프진단

» **14점 이상 ★★★**
정말 훌륭합니다! '메인 요리1~3'을 입으로 뱉어 본 후 바로 학습을 종료해 주세요.

» **9~13점 ★★**
거의 다 왔습니다! 약한 부분만 시간에 맞춰 다시 학습한 후 학습을 종료해 주세요.

» **9점 미만 ★**
괜찮아요! 다시 한번 차근차근 '메인 요리1~3'을 학습해 봅시다!

원어민 음성듣기

"체크인 전에 짐을 맡길 수 있나요?"

오늘의 후루룩 코스

애피타이저

메인요리1~3

디저트

Day 3 학습을 모두 마치면

체크인과 체크아웃, 객실 용품 및 호텔 시설과 관련된 어휘를 습득하여 실전에 활용할 수 있어요.

후루룩 학습법

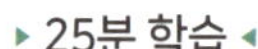

▸ 25분 학습 ◂

+

▸ 5분 휴식 ◂

=

"1일 1후루룩 했다!"

1분 워밍업

- **애피타이저** 학습 전 셀프 체크하기

24분 집중

- **메인요리 ❶** 호텔 체크인과 체크아웃
- **요리 즐기기** 어휘 퀴즈 & 여행 회화
- **메인요리 ❷** 객실에서 요청하기
- **요리 즐기기** 어휘 퀴즈 & 여행 회화
- **메인요리 ❸** 호텔 시설 둘러보기
- **요리 즐기기** 어휘 퀴즈 & 여행 회화

5분 휴식

- **디저트** 학습 후 다시 한번 셀프 진단하기

학습을 시작하기 전, 내가 얼마나 알고 있는지 셀프 체크를 해 봅시다.

	YES	NO
★ 지금 당장 일본 호텔에 떨어져도 체크인 부탁을 할 수 있다.	☐	☐
★ '짐'을 일본어로 말할 수 있다.	☐	☐
★ '두루마리 휴지'를 일본어로 말할 수 있다.	☐	☐
★ 객실 내 '세면용품'을 뜻하는 단어를 알고 있다.	☐	☐
★ 호텔 시설을 3개 이상 일본어로 말할 수 있다.	☐	☐
★ '유카타'에 대해 들어 본 적이 있다.	☐	☐

☑ 셀프진단

» Yes가 4개 이상일 경우

'메인요리1~3'을 빠르게 확인 후 '메인요리 즐기기'에 도전해 보세요!

» Yes가 4개 이하일 경우

'메인요리1~3'을 집중해서 확인 후 '메인요리 즐기기'에 도전해 보세요!

메인요리 ❶

호텔 체크인과 체크아웃, 이것만 알면 끝!

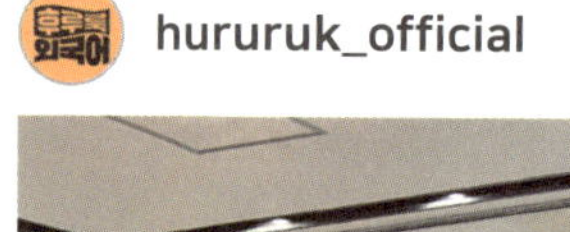

hururuk_official

3.2만 75 1,000 1.5만

sidaeedu님 외 **여러 명**이 좋아합니다

hururuk_official 드디어 호텔 도착! 일단 첫인상은 합격 #직원하고대화하기5초전#두근두근#서바이벌일본어

- 국내 호텔은 전 객실 금연이 일반적인데, 일본 호텔의 경우 금연실과 흡연실을 분리하여 예약을 받는 경우가 많답니다. 참고로 흡연이 가능한 객실은 'きつえんルーム(키쯔엔-루-무)'라고 말해요.
- '조식 포함'은 일본어로 '朝食付き(쵸-쇼꾸츠키)'예요.

후루룩! 여행 단어 체크인

- チェックイン [첵-꾸잉-] 체크인
- ちょうしょく [쵸-쇼꾸] 조식
- にもつ [니모쯔] 짐
- アーリーチェックイン [아-리-첵-꾸잉-] 얼리 체크인
- きんえんルーム [킹-엔-루-무] 금연 객실
- チェックアウト [첵-꾸아우또] 체크아웃
- ごうしつ [고-시쯔] ~호실
- ミニバー [미니바-] (객실 내) 미니바

메인요리 즐기기

우리말 뜻을 보고 알맞은 단어를 일본어로 써 보자!

1 체크인	2 조식
3 짐	4 얼리 체크인
5 금연 객실	6 체크아웃
7 호실	8 (객실 내) 미니바

빈칸에 알맞은 단어를 넣어 여행 회화를 연습해 보자!

1 나: ＿＿＿＿＿＿ を　おねがいします。

[첵-꾸잉-오　오네가이시마스]

체크인 하고 싶은데요.

직원: かしこまりました。 おなまえを　うかがっても　よろしいでしょうか。

[카시코마리마시따　오나마에오　우카갓-떼모　요로시-데쇼-까]

알겠습니다. 성함을 여쭤봐도 되겠습니까?

2 ＿＿＿＿＿＿ 前(まえ)に ＿＿＿＿＿＿ を　あずけられますか。

[첵-꾸잉-　마에니　니모쯔오　아즈케라레마스까]

체크인 전에 짐을 맡길 수 있나요?

정답은 요리즐기기 정답 164p에서 확인!

메인요리 ❷

객실에서 요청하기, 이것만 알면 끝!

hururuk_official

2.7만 83 925 1.8만

sidaeedu님 외 **여러 명**이 좋아합니다

hururuk_official 객실에 갔더니 잠옷하고 수건이 놓여 있네요 #방둘러보기#수건더달라고해볼까

친구나 연인과 함께 숙박할 때 수건이 부족했던 경험, 한번쯤 있지 않나요? 샤워 및 목욕용 수건은 'バスタオル(바스타오루)', 세면용 수건은 'フェイスタオル(훼이스타오루)'라고 말해요. 보통은 무료이지만, 융통성(?)이 없는 곳은 50~100엔 정도 추가 요금을 받는 곳도 있어요.

후루룩! 여행 단어 체크인

체크!

- アメニティ [아메니티] 어메니티, 세면용품
- タオル [타오루] 수건
- エアコン [에아콩-] 에어컨
- でんき [뎅-끼] 전등, 불
- トイレットペーパー [토이렛-또페-빠-] 화장지, 두루마리 휴지
- こしょう [코쇼-] 고장
- ルームキー [루-무키-] (객실 출입용) 룸 키
- リモコン [리모콩-] 리모컨

메인요리 즐기기

우리말 뜻을 보고 알맞은 단어를 일본어로 써 보자!

1 어메니티, 세면용품		2 수건	
3 에어컨		4 전등, 불	
5 화장지, 두루마리 휴지		6 고장	
7 (객실 출입용) 룸 키		8 리모컨	

빈칸에 알맞은 단어를 넣어 여행 회화를 연습해 보자!

1 ついかの ＿＿＿＿＿＿ を　もらえますか。
[츠이까노　타오루오　모라에마스까]
수건을 추가로 더 받을 수 있을까요?

2 ＿＿＿＿＿＿ の　つけかたが　わからないんです。
[에아콘-노　츠케카따가　와까라나인-데스]
에어컨 켜는 법을 모르겠어요.

3 テレビの ＿＿＿＿＿＿ が ＿＿＿＿＿＿ している　みたいです。
[테레비노　리모콩-가　코쇼-시떼　이루　미따이데스]
TV 리모컨이 고장난 것 같아요.

정답은 요리즐기기 정답 164p에서 확인!

메인요리 ❸

호텔 시설 둘러보기, 이것만 알면 끝!

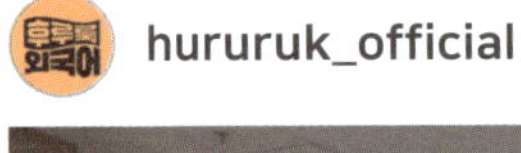

3.5만 96 1,113 2.3만

sidaeedu님 외 **여러 명**이 좋아합니다

hururuk_official 아침 일찍 왔더니 사람이 없네 오예 ㅋㅋ #아침러닝 #호텔헬스장#뛰고조식먹으러

객실 내에 비치된 잠옷인 'ゆかた(유카타)'를 입고 호텔 내 공용 시설이나 바깥을 나가서는 안 돼요. 객실과 객실 사이를 이동하거나 같은 층에 있는 시설을 빠르게 이용할 땐 어느 정도 허용되지만, 그 외에는 모두 안 된답니다. 현지 사람들이 깜짝 놀랄지 모르니 'ゆかた(유카타)'는 객실 내에서만 즐겨 주세요.

후루룩! 여행 단어 체크인

체크!

- エレベーター [에레-베-타-] 엘리베이터
- ロビー [로비-] 로비
- ジム [지무] 헬스장
- レストラン [레스토랑-] 레스토랑, 식당
- だいよくじょう [다이요꾸죠-] 대욕탕
- ランドリールーム [란-도리-루-무] 세탁실
- ラウンジ [라운-지] 라운지
- プール [푸-루] 수영장

메인요리 즐기기

발음듣기

우리말 뜻을 보고 알맞은 단어를 일본어로 써 보자!

1 엘리베이터	2 로비
3 헬스장	4 레스토랑, 식당
5 대욕탕	6 세탁실
7 라운지	8 수영장

빈칸에 알맞은 단어를 넣어 여행 회화를 연습해 보자!

1 ______ は　なんじから　つかえますか。

[지무와　난-지까라　츠카에마스까]

헬스장은 몇 시부터 이용할 수 있어요?

2 ______ は　なんがいですか。

[푸-루와　낭-가이데스까]

수영장은 몇 층이에요?

3 ______ は　よやくが　いりますか。

[라운-지와　요야꾸가　이리마스까]

라운지는 예약이 필요한가요?

정답은 요리즐기기 정답 164p에서 확인!

학습을 마친 후, 얼마나 이해했는지 다시 한번 체크해 보세요!

	그렇다	보통이다	모르겠다
★ 체크인 전에 짐을 맡길 수 있는지 물어 볼 수 있다.	☐	☐	☐
★ 'きんえん'과 'きつえん'의 차이를 설명할 수 있다.	☐	☐	☐
★ 호텔 프런트에 추가 수건 요청을 할 수 있다.	☐	☐	☐
★ 객실 에어컨 켜는 법을 모르겠다고 전달할 수 있다.	☐	☐	☐
★ 호텔 시설을 일본어로 6개 이상 말할 수 있다.	☐	☐	☐
★ 수영장은 몇 층에 있는지 문의할 수 있다.	☐	☐	☐

* 스코어 계산법 :
그렇다=3점, 보통이다=2점, 모르겠다=1점

나의 합계 스코어는 ______ **점**

☑ **셀프진단**

» **14점 이상 ★★★**
정말 훌륭합니다! '메인 요리1~3'을 입으로 뱉어 본 후 바로 학습을 종료해 주세요.

» **9~13점 ★★**
거의 다 왔습니다! 약한 부분만 시간에 맞춰 다시 학습한 후 학습을 종료해 주세요.

» **9점 미만 ★**
괜찮아요! 다시 한번 차근차근 '메인 요리1~3'을 학습해 봅시다!

원어민 음성듣기

"안창살하고 등심으로요"

오늘의 후루룩 코스

애피타이저

메인요리1~3

디저트

Day 4 학습을 모두 마치면

일본 야끼니꾸집의 고기, 야채, 후식과 관련된 어휘를 익히고 실전에서 활용해 볼 수 있어요.

후루룩 학습법

▸ 25분 학습 ◂ + ▸ 5분 휴식 ◂ = "1일 1후루룩 했다!"

1분 워밍업

- **애피타이저** 학습 전 셀프 체크하기

24분 집중

- **메인요리 ❶** 야끼니꾸 고기 주문
- **요리 즐기기** 어휘 퀴즈 & 여행 회화
- **메인요리 ❷** 야끼니꾸 야채 주문
- **요리 즐기기** 어휘 퀴즈 & 여행 회화
- **메인요리 ❸** 야끼니꾸 식사 & 후식 주문
- **요리 즐기기** 어휘 퀴즈 & 여행 회화

5분 휴식

- **디저트** 학습 후 다시 한번 셀프 진단하기

학습을 시작하기 전, 내가 얼마나 알고 있는지 셀프 체크를 해 봅시다.

	YES	NO
★ "나는 육식파!" 고기 부위를 일본어로 3개 이상은 말할 수 있다.	☐	☐
★ 야끼니꾸를 먹을 때 일본 사람들이 선호하는 양념, 고명을 알고 있다.	☐	☐
★ 야끼니꾸 단골 야채를 3개 이상 말할 수 있다.	☐	☐
★ 점원에게 양파 한 접시를 더 달라고 부탁할 수 있다.	☐	☐
★ "디저트배는 따로!" 야끼니꾸 후식 메뉴를 3개 이상 말할 수 있다.	☐	☐
★ '안닌도후'에 대해 들어 본 적이 있다.	☐	☐

☑ 셀프진단

» Yes가 4개 이상일 경우
'메인요리1~3'을 빠르게 확인 후 '메인요리 즐기기'에 도전해 보세요!

» Yes가 4개 이하일 경우
'메인요리1~3'을 집중해서 확인 후 '메인요리 즐기기'에 도전해 보세요!

메인요리 ❶

야끼니꾸집에서 고기 주문, 이것만 알면 끝!

hururuk_official

3.2만 75 1,000 1.5만

sidaeedu님 외 **여러 명**이 좋아합니다

hururuk_official 너무 맛있어서 벌써부터 지갑 걱정 #육즙팡팡#마블링어쩔거임

- 일본 사람들은 고기를 구워 먹을 때 'わさび(와사비)', 'ねぎ(파)', 'ゆずこしょう(유자후추)', 'さんしょう(산초)' 등을 곁들여서 먹는 것을 선호해요. 이런 '양념', '고명' 등을 통틀어서 'やくみ'라고 불러요.
- 불판을 갈고 싶을 땐 점원에게 'すいません、あみ替えてもらえますか(저기요, 불판 바꿔 주실 수 있나요?)'로 부탁해 봅시다.

후루룩! 여행 단어 체크인

체크!

ハラミ [하라미] 안창살	カルビ [카루비] 갈비
タン [탕-] 우설	ロース [로-스] 등심
サーロイン [사-로잉-] 서로인, 소 허리 부위의 등심	*サガリ [사가리] 토시살
ホルモン [호루몽-] 곱창, 내장	ミノ [미노] 양

메인요리 즐기기

우리말 뜻을 보고 알맞은 단어를 일본어로 써 보자!

1 안창살	2 갈비
3 우설	4 등심
5 서로인, 소 허리 부위의 등심	6 토시살
7 곱창, 내장	8 양

빈칸에 알맞은 단어를 넣어 여행 회화를 연습해 보자!

1 **점원:** ごちゅうもん　おうかがい　いたします。
[고츄-몽- 오우카가이 이타시마스]
주문 도와드리겠습니다.

나: まずは ________ と ________ で。
[마즈와 하라미또 로-스데]
일단 안창살하고 로스로요.

2 ________ を　ににんまえ　ください。
[카루비오 니닝-마에 쿠다사이]
갈비 2인분 주세요.

정답은 요리즐기기 정답 165p에서 확인!

메인요리 ❷

야끼니꾸집에서 야채 주문, 이것만 알면 끝!

hururuk_official

2.7만 83 925 1.8만

sidaeedu님 외 **여러 명**이 좋아합니다

hururuk_official 구워 먹으면 고기 뺨치는 야채들 #양파가달다#버섯식감미쳤음

- 야끼니꾸의 주인공은 물론 고기지만, 같이 구워먹는 'やさい(야채)'도 빼놓을 수 없답니다. 고기맛을 한층 살려 주면서도, 느끼해진 입안을 개운하게 만들어 주기도 해요. 아래 소개할 단어들은 일본 사람들이 자주 주문하는 야채들이니 주문할 때 활용해 보세요!
- 'ズッキーニ(주키니 호박)'는 한국 애호박이랑 비슷하지만, 조금 더 길쭉하고 단단한 식감이 특징이에요.

후루룩! 여행 단어 체크인

체크!

- ピーマン [피-망-] 피망
- たまねぎ [타마네기] 양파
- しいたけ [시-타케] 표고버섯
- かぼちゃ [카보차-] 단호박
- じゃがいも [쟈가이모] 감자
- *ズッキーニ [즛-키-니] 주키니 호박
- キャベツ [캬베츠] 양배추
- エリンギ [에링-기] 새송이버섯

메인요리 즐기기

우리말 뜻을 보고 알맞은 단어를 일본어로 써 보자!

1 피망	2 양파
3 표고버섯	4 단호박
5 감자	6 주키니 호박
7 양배추	8 새송이버섯

빈칸에 알맞은 단어를 넣어 여행 회화를 연습해 보자!

1 ＿＿＿＿＿ を　もう　ひとさら　おねがいします。
[타마네기오　모-　히또사라　오네가이시마스]
양파 한 접시 더 주세요.

2 ＿＿＿＿＿ は　どのくらい　やくんですか。
[시-타케와　도노쿠라이　야꾼-데스까]
표고버섯은 어느 정도 구우면 되나요?

3 'やさいセット'に ＿＿＿＿＿ は　はいってますか。
['야사이셋-또'니　에린-기와　하잇-떼마스까]
'야채 세트'에 새송이버섯은 들어가 있나요?

정답은 요리즐기기 정답 165p에서 확인!

메인요리 ❸

야끼니꾸집에서 식사와 후식 주문, 이것만 알면 끝!

여행 Tips!

- 일본에서는 고기를 먹고 난 후 하는 마무리 식사를 'しめ(시메)'라고 한답니다. 현지 사람들이 많이 찾는 'しめ(시메)'에는 'ラーメン(라-멩-)(라멘)'이나 'うどん(우동-)(우동)'과 같은 면 종류가 많고, 한국 식문화의 영향으로 'ビビンバ(비빔-바)(비빔밥)'나 'スープ(스-푸)(국)'도 인기예요. 발음 때문에 우리가 빵과 같이 먹는 스프를 떠올리기 쉬운데, 간단하게 말해 우리말의 '국'을 생각하시면 돼요.
- '杏仁豆腐(안-닌-토-후)(안닌도후)'는 살구씨 향을 낸 우유를 차갑게 굳힌 디저트예요.

후루룩! 여행 단어 체크인

- れいめん [레-멩-] 냉면
- おちゃづけ [오챠즈케] 오차즈케
- *ビビンバ [비빔-바] 비빔밥
- やきおにぎり [야끼오니기리] 야끼 오니기리, 구운 주먹밥
- *スープ [스-푸] 국
- アイス [아이스] 아이스크림
- シャーベット [샤-벳-또] 셔벗
- *あんにんとうふ [안-닌-토-후] 안닌도후

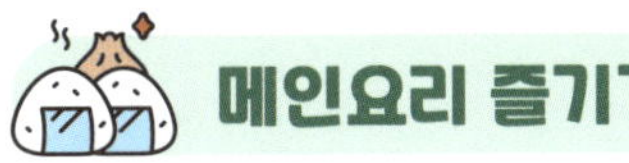

메인요리 즐기기

우리말 뜻을 보고 알맞은 단어를 일본어로 써 보자!

1 냉면	
2 오차즈케	
3 비빔밥	
4 야끼 오니기리, 구운 주먹밥	
5 국	
6 아이스크림	
7 셔벗	
8 안닌도후	

빈칸에 알맞은 단어를 넣어 여행 회화를 연습해 보자!

1 ＿＿＿＿＿ は　いまからでも　だいじょうぶですか。
[오챠즈케와　이마까라데모　다이죠-부데스까]
오차즈케는 지금 주문해도 괜찮아요?

2 ＿＿＿＿＿ は　なんぷんくらい　かかりますか。
[야끼오니기리와　남-뿡-쿠라이　카카리마스까]
야끼 오니기리는 몇 분 정도 걸려요?

3 さっぱりした ＿＿＿＿＿ は　どれですか。
[삽-빠리시따　아이스와　도레데스까]
상큼한 아이스크림은 어느 거예요?

정답은 요리즐기기 정답 165p에서 확인!

학습을 마친 후, 얼마나 이해했는지 다시 한번 체크해 보세요!

	그렇다	보통이다	모르겠다
★ 야끼니꾸 고기 부위를 이제 6개 이상 말할 수 있다.	☐	☐	☐
★ '저기요, 불판 바꿔 주실 수 있나요?'를 말할 수 있다.	☐	☐	☐
★ 'やさいセット'에 'ピーマン'이 포함되어 있는지 물어 볼 수 있다.	☐	☐	☐
★ 'かぼちゃ'와 'キャベツ'의 뜻을 안다.	☐	☐	☐
★ 'しめ'가 무엇인지 설명할 수 있다.	☐	☐	☐
★ 지금 오차즈케 주문이 가능한지 물어 볼 수 있다.	☐	☐	☐

* 스코어 계산법 :
그렇다=3점, 보통이다=2점, 모르겠다=1점

나의 합계 스코어는 ______ 점

☑ 셀프진단

» **14점 이상 ★★★**
정말 훌륭합니다! '메인 요리1~3'을 입으로 뱉어 본 후 바로 학습을 종료해 주세요.

» **9~13점 ★★**
거의 다 왔습니다! 약한 부분만 시간에 맞춰 다시 학습한 후 학습을 종료해 주세요.

» **9점 미만 ★**
괜찮아요! 다시 한번 차근차근 '메인 요리1~3'을 학습해 봅시다!

원어민 음성듣기

"면은 꼬들하게 부탁드려요"

오늘의 후루룩 코스

애피타이저

메인요리1~3

디저트

Day 5 학습을 모두 마치면

일본 라멘집의 대표 메뉴와 토핑, 커스터마이징과 관련된 어휘를 배우고 실전에 활용할 수 있어요.

후루룩 학습법

▸ 25분 학습 ◂ + ▸ 5분 휴식 ◂ = "1일 1후루룩 했다!"

1분 워밍업

- **애피타이저** 학습 전 셀프 체크하기

24분 집중

- **메인요리 ❶** 라멘 주문
- **요리 즐기기** 어휘 퀴즈 & 여행 회화
- **메인요리 ❷** 라멘 토핑
- **요리 즐기기** 어휘 퀴즈 & 여행 회화
- **메인요리 ❸** 라멘 커스터마이징
- **요리 즐기기** 어휘 퀴즈 & 여행 회화

5분 휴식

- **디저트** 학습 후 다시 한번 셀프 진단하기

학습을 시작하기 전, 내가 얼마나 알고 있는지 셀프 체크를 해 봅시다.

	YES	NO
★ 쇼유, 시오, 미소, 돈코츠 라멘의 맛 차이를 안다.	☐	☐
★ '중화소바'라는 말을 들어 본 적이 있다.	☐	☐
★ 일본 라멘 집 대표 토핑을 3개 이상 말할 수 있다.	☐	☐
★ '~빼고 주세요'라는 말을 알고 있다.	☐	☐
★ 꼬들면을 주문할 때 필요한 단어를 말할 수 있다.	☐	☐
★ 현지 사람들은 라멘을 먹을 때 어떤 것을 커스텀하는지 안다.	☐	☐

☑ 셀프진단

» Yes가 4개 이상일 경우
'메인요리1~3'을 빠르게 확인 후 '메인요리 즐기기'에 도전해 보세요!

» Yes가 4개 이하일 경우
'메인요리1~3'을 집중해서 확인 후 '메인요리 즐기기'에 도전해 보세요!

메인요리 ❶

라멘 주문, 이것만 알면 끝!

hururuk_official

3.2만 75 1,000 1.5만

sidaeedu님 외 **여러 명**이 좋아합니다

hururuk_official 라멘 먹기 전에 한 컷! 면치기 들어갑니다 #미소라멘#버터도있음#아뜨끈해

- '면 추가'는 일본어로 '替え玉(카에다마)'라고 하고, 보통 100~200엔 정도예요. 국물을 남겨둔 상태에서 주문해야 한답니다.
- '中華そば(츄-까소바)(중화소바)'는 중국식 면을 사용한 일본식 국수를 뜻해요. 기본적으로 일본 라멘은 중국식 면을 사용하는데, 그 영향으로 예전에는 라멘을 '中華そば(츄-까소바)'라고 불렀답니다. 현재는 간장 베이스에 맑고 깔끔한 국물의 라면, 즉 '기본 라멘'의 의미로 자리잡았어요.

후루룩! 여행 단어 체크인

- しょうゆラーメン [쇼-유라-멩-] 쇼유(간장) 라멘
- しおラーメン [시오라-멩-] 시오(소금) 라멘
- みそラーメン [미소라-멩-] 미소(된장) 라멘
- とんこつラーメン [통-코츠라-멩-] 돈코츠(돼지뼈 육수) 라멘
- つけめん [츠케멩-] 츠케멘
- たんたんめん [탄-탐-멩-] 탄탄멘
- まぜそば [마제소바] 마제소바
- *ちゅうかそば [츄-까소바] 중화소바

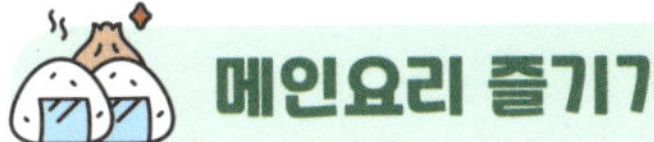

우리말 뜻을 보고 알맞은 단어를 일본어로 써 보자!

1 쇼유(간장) 라멘	2 시오(소금) 라멘
3 미소(된장) 라멘	4 돈코츠(돼지뼈 육수) 라멘
5 츠케멘	6 탄탄멘
7 마제소바	8 중화소바

빈칸에 알맞은 단어를 넣어 여행 회화를 연습해 보자!

1 ＿＿＿＿＿ は　はじめて　たべるんです。
[시오라–멩–와　하지메떼　타베룬–데스]
시오 라멘은 처음 먹어봐요.

2 ＿＿＿＿＿ の　なかで　からいのは　何(なん)ですか。
[미소라–멘–노　나까데　카라이노와　난–데스까]
미소 라멘 중에서 매운 건 뭐예요?

3 ＿＿＿＿＿ の　おいしい　みせは　どこですか。
[마제소바노　오이시–　미세와　도꼬데스까]
마제소바가 맛있는 가게는 어디인가요?

정답은 요리즐기기 정답 166p에서 확인!

메인요리 ❷

라멘 토핑, 이것만 알면 끝!

- 토핑 메뉴가 너무 많아서 뭘 먹어야 좋을지 고민될 때 딱 하나만 고르라면 '味玉(아지타마)'를 추천해요. 일본식 간장에 삶아 간이 맛있게 밴 계란은 어떤 국물에도 잘 어울려서 실패 확률이 낮답니다.
- 라멘 국물이 너무 느끼하다면 'ねぎ(네기)(파)'를 추가해서 넣어 보는 것도 방법이에요.

후루룩! 여행 단어 체크인

체크!

*あじたま [아지타마] 간장에 삶은 반숙 계란	チャーシュー [챠–슈–] 챠슈
メンマ [멘–마] 데쳐서 발효시킨 죽순	もやし [모야시] 숙주
のり [노리] 김	わかめ [와까메] 미역
ねぎ [네기] 파	コーン [코–옹] 옥수수

메인요리 즐기기

발음듣기

우리말 뜻을 보고 알맞은 단어를 일본어로 써 보자!

1 간장에 삶은 반숙 계란	2 차슈
3 데쳐서 발효시킨 죽순	4 숙주
5 김	6 미역
7 파	8 옥수수

빈칸에 알맞은 단어를 넣어 여행 회화를 연습해 보자!

1 점원: にがてな　ものは　ございますか。

[니가테나 모노와 고자이마스까]

못 드시는 게 있으신가요?

나: .... ぬきで　おねがいします。

[네기 누키데 오네가이시마스]

파는 빼고 주세요.

2 .... を　ついか　できますか。

[차-슈-오 츠이까 데끼마스까]

차슈 추가할 수 있나요?

정답은 요리즐기기 정답 166p에서 확인!

 라멘 커스터마이징, 이것만 알면 끝!

hururuk_official

♥ 3.5만 96 1,113 2.3만

sidaeedu님 외 **여러 명**이 좋아합니다

hururuk_official 입맛에 맞춰 라멘 커스텀 도전해 볼까? #면은꼬들하게#국물은진하게#고춧가루도팍팍

- 라멘은 가게마다 맛이 천차만별이며, 대표 메뉴를 보면 가게가 어떤 맛을 추구하는지 알 수 있어요. 따라서 이것저것 고민하기 귀찮다면 일단은 가게가 제공하는 맛 그대로 즐기는 것을 추천해요. 그럼에도 커스터마이징에 도전해 보고 싶은 분들은 주문 즉시 직원에게 요청하시는 게 좋아요.
- 면 삶기, 스프의 농도 외에 'あぶら(아부라)(기름)'도 가게에 따라 조절할 수 있어요. 많으면 풍미가 올라가지만 느끼할 수 있으니 기호에 맞춰 적당히 즐겨 보세요.

후루룩! 여행 단어 체크인

かため [카따메] 딱딱하게, 꼬들하게	やわらかめ [야와라까메] 부드럽게
こいめ [코이메] 진하게	うすめ [우스메] 연하게
おおめ [오-메] 양 많이	すくなめ [스꾸나메] 양 적게
ふつう [후츠-] 기본	すこし [스꼬시] 조금

메인요리 즐기기

발음듣기

우리말 뜻을 보고 알맞은 단어를 일본어로 써 보자!

1 딱딱하게, 꼬들하게	2 부드럽게
3 진하게	4 연하게
5 양 많이	6 양 적게
7 기본	8 조금

빈칸에 알맞은 단어를 넣어 여행 회화를 연습해 보자!

1 めんは ＿＿＿＿＿＿ で　おねがいします。
[멩–와　카따메데　오네가이시마스]
면은 꼬들하게 부탁드려요.

2 ぜんぶ ＿＿＿＿＿＿ に　して　いただけますか。
[젬–부　후츠–니　시떼　이따다케마스까]
전부 기본으로 해 주실 수 있나요?

3 スープは　すこし ＿＿＿＿＿＿ で　おねがい　できますか。
[스–뿌와　스꼬시　우스메데　오네가이　데키마스까]
국물은 조금 연하게 부탁드려도 될까요?

정답은 요리즐기기 정답 166p에서 확인!

디저트

학습을 마친 후, 얼마나 이해했는지 다시 한번 체크해 보세요!

	그렇다	보통이다	모르겠다
★ 상대에게 미소 라멘은 처음 먹어 본다고 말할 수 있다.	☐	☐	☐
★ '替え玉(카에다마)'가 무엇인지 설명할 수 있다.	☐	☐	☐
★ "토핑 공략 끝!" 라멘 대표 토핑을 6개 이상 안다.	☐	☐	☐
★ 점원에게 차슈 추가 여부를 확인할 수 있다.	☐	☐	☐
★ '면은 부드럽게 부탁드려요'를 말할 수 있다.	☐	☐	☐
★ "귀차니즘 발동!" 전부 기본 맛으로 해달라고 부탁할 수 있다.	☐	☐	☐

* 스코어 계산법 :
그렇다=3점, 보통이다=2점, 모르겠다=1점

나의 합계 스코어는 ______ 점

☑ 셀프진단

» **14점 이상 ★★★**
정말 훌륭합니다! '메인 요리1~3'을 입으로 뱉어 본 후 바로 학습을 종료해 주세요.

» **9~13점 ★★**
거의 다 왔습니다! 약한 부분만 시간에 맞춰 다시 학습한 후 학습을 종료해 주세요.

» **9점 미만 ★**
괜찮아요! 다시 한번 차근차근 '메인 요리1~3'을 학습해 봅시다!

원어민 음성듣기

"글리코상과 가장 가까운 출구는 어디예요?"

오늘의 후루룩 코스

Day 6 학습을 모두 마치면

지하철, 버스, 택시 관련 어휘를 배우고 실제 여행에 활용해 볼 수 있어요.

후루룩 학습법

▸ 25분 학습 ◂ + ▸ 5분 휴식 ◂ = "1일 1후루룩 했다!"

1분 워밍업

- **애피타이저** 학습 전 셀프 체크하기

24분 집중

- **메인요리 ❶** 지하철
- **요리 즐기기** 어휘 퀴즈 & 여행 회화
- **메인요리 ❷** 버스
- **요리 즐기기** 어휘 퀴즈 & 여행 회화
- **메인요리 ❸** 택시
- **요리 즐기기** 어휘 퀴즈 & 여행 회화

5분 휴식

- **디저트** 학습 후 다시 한번 셀프 진단하기

학습을 시작하기 전, 내가 얼마나 알고 있는지 셀프 체크를 해 봅시다.

	YES	NO
★ 오사카 도톤보리의 '글리코상'과 가장 가까운 지하철 출구를 안다.	☐	☐
★ '스이카', '파스모', '이코카'에 대해 들어 본 적이 있다.	☐	☐
★ 교통카드가 없을 때 버스를 어떻게 이용하는지 안다.	☐	☐
★ '교통카드 충전'을 뜻하는 단어를 알고 있다.	☐	☐
★ 일본 택시 승·하차 시의 주의점에 대해 안다.	☐	☐
★ 택시 기사님에게 목적지를 일본어로 전달할 수 있다.	☐	☐

☑ 셀프진단

» Yes가 4개 이상일 경우
'메인요리1~3'을 빠르게 확인 후 '메인요리 즐기기'에 도전해 보세요!

» Yes가 4개 이하일 경우
'메인요리1~3'을 집중해서 확인 후 '메인요리 즐기기'에 도전해 보세요!

메인요리 ❶

지하철, 이것만 알면 끝!

여행 Tips!

- 오사카 도톤보리에 있는 대표 관광지 'グリコサイン(그리코사잉-)(글리코상)'은 지하철 미도스지선 'なんば駅(남-바에끼)'의 14번 출구에서 도보 1분 거리에 있어요.
- '교통카드'의 좀 더 정확한 명칭은 '交通系 ICカード(코-쯔-케-아이씨-카-도)'예요. 동일본 지역과 도쿄를 중심으로 하는 Suica(스이카)와 PASMO(파스모), 오사카 등 서일본 지역의 ICOCA(이코카) 등이 대표적이에요.

후루룩! 여행 단어 체크인

체크!

- かいさつ [카이사쯔] 개찰구
- *ICカード [아이씨-카-도] 교통카드
- きっぷ [킵-뿌] 표, 티켓
- ホーム [호-무] 승강장
- のりかえ [노리카에] 환승
- でぐち [데구찌] 출구
- ゆき [유키] ~행
- しゅうでん [슈-뎅-] 막차

메인요리 즐기기

우리말 뜻을 보고 알맞은 단어를 일본어로 써 보자!

1 개찰구	2 교통카드
3 표, 티켓	4 승강장
5 환승	6 출구
7 ~행	8 막차

빈칸에 알맞은 단어를 넣어 여행 회화를 연습해 보자!

1 나: グリコサインに　いちばん　ちかい ________ は どこですか。

[그리코사인-니 이찌방- 치까이 데구찌와 도꼬데스까]

글리코상과 가장 가까운 출구는 어디인가요?

역무원: 14(じゅうよん)ばん ________ です。

[쥬-욘-방- 데구찌데스]

14번 출구입니다.

3 すいません、このでんしゃ　なんば ________ ですか。

[스이마셍- 고노덴-샤 남-바 유키데스까]

저기 죄송한데, 이 열차 난바행인가요?

정답은 요리즐기기 정답 167p에서 확인!

메인요리 ❷

버스, 이것만 알면 끝!

- 일본 버스는 뒤에서 타고 앞에서 내리는 형태가 많지만, 지역마다 다를 수 있으니 문 옆 표시를 꼭 확인해 보세요.
- Suica, PASMO, ICOCA와 같은 교통카드는 전국 거의 모든 버스에서 사용할 수 있어요 편리해요. 만약 교통카드가 없을 경우에는 먼저 탈 때 기계에서 정리권을 뽑고, 내릴 때 전광판 요금과 정리권 번호를 대조한 후 '정리권 + 현금'을 요금함에 투입하면 돼요.

후루룩! 여행 단어 체크인

チャージ [챠-지] 교통카드 충전	りょうがえ [료-가에] 잔돈 교환
せいりけん [세-리켕-] 번호표, 정리권	りょうきん [료-킹-] 요금
さきばらい [사키바라이] 선불	あとばらい [아또바라이] 후불
はっしゃします [핫-샤시마스] 출발합니다	つぎ、とまります [츠기 토마리마스] 다음 (정류장에서) 정차합니다

메인요리 즐기기

발음듣기

우리말 뜻을 보고 알맞은 단어를 일본어로 써 보자!

1 교통카드 충전	2 잔돈 교환
3 번호표, 정리권	4 요금
5 선불	6 후불
7 출발합니다	8 다음(정류장에서) 하차합니다

빈칸에 알맞은 단어를 넣어 여행 회화를 연습해 보자!

1 ________ は　いくら　はらえば　いいですか。
[료-킹-와　이꾸라　하라에바　이-데스까]
요금은 얼마나 내면 되나요?

2 **버스 음성:** ________ 。ごちゅうい　ください。
[핫-샤시마스　고츄-이　쿠다사이]
출발하겠습니다. (다치지 않도록) 조심해 주세요.

3 ICカード、________ できますか。
[아이씨-카-도　챠-지　데키마스까]
교통카드 충전 가능한가요?

정답은 요리즐기기 정답 167p에서 확인!

메인요리 ❸

택시, 이것만 알면 끝!

- 일본에서는 택시 기사님이 승·하차 시에 버튼으로 문을 열어 주기 때문에, 한국에서처럼 직접 손으로 열거나 닫으면 안 된답니다. 그리고 드렁크를 열거나 짐을 싣고, 꺼내는 것도 기본적으로 기사님이 해 주시기 때문에 이때 감사 인사를 전해 보면 좋겠죠?
- 목적지를 전달할 때는 'まで[마데](~까지)'를 활용해서 '목적지+まで[마데]+おねがいします[오네가이시마스](~까지 부탁드려요)'라고 말하면 돼요.

후루룩! 여행 단어 체크인

체크! *まで [마데] ~까지	このへん [고노헹–] 이 근처
じゅうたい [쥬–따이] 정체, 막힘	おつり [오쯔리] 거스름돈
すこしさき [스꼬시사키] 조금 앞	ひだり [히다리] 왼쪽
みぎ [미기] 오른쪽	りょうしゅうしょ [료–슈–쇼] 영수증

메인요리 즐기기

우리말 뜻을 보고 알맞은 단어를 일본어로 써 보자!

1 ~까지	2 이 근처
3 정체, 막힘	4 거스름돈
5 조금 앞	6 왼쪽
7 오른쪽	8 영수증

빈칸에 알맞은 단어를 넣어 여행 회화를 연습해 보자!

1 どうとんぼり ________ おねがいします。
[도-톰-보리 마데 오네가이시마스]
도톤보리까지 부탁드려요.

2 ________ で だいじょうぶです。
[고노헨-데 다이죠-부데스]
이 근처에 세워 주시면 돼요.

3 ________ で とめて もらえますか。
[스꼬시사키데 토메떼 모라에마스까]
조금 앞에서 세워 주시겠어요?

정답은 요리즐기기 정답 167p에서 확인!

학습을 마친 후, 얼마나 이해했는지 다시 한번 체크해 보세요!

	그렇다	보통이다	모르겠다
★ '이 열차 난바행인가요?'라고 일본어로 질문할 수 있다.	☐	☐	☐
★ 목적지와 가장 가까운 출구는 어디인지 물어 볼 수 있다.	☐	☐	☐
★ 'チャージ'로 교통카드 충전이 가능한지 물어 볼 수 있다.	☐	☐	☐
★ 버스가 출발할 때의 멘트를 알아들을 수 있다.	☐	☐	☐
★ 'まで'로 원하는 목적지까지 가 달라고 할 수 있다.	☐	☐	☐
★ 이 근처에 세워 달라고 부탁할 수 있다.	☐	☐	☐

* 스코어 계산법 :
그렇다=3점, 보통이다=2점, 모르겠다=1점

나의 합계 스코어는 ______ **점**

☑ 셀프진단

» **14점 이상 ★★★**
정말 훌륭합니다! '메인 요리1~3'을 입으로 뱉어 본 후 바로 학습을 종료해 주세요.

» **9~13점 ★★**
거의 다 왔습니다! 약한 부분만 시간에 맞춰 다시 학습한 후 학습을 종료해 주세요.

» **9점 미만 ★**
괜찮아요! 다시 한번 차근차근 '메인 요리1~3'을 학습해 봅시다!

원어민 음성듣기

"마리오카트 대기 시간
지금 얼마나 돼요?"

오늘의 후루룩 코스

Day 7 학습을 모두 마치면

오사카 유니버설 스튜디오, 도쿄 디즈니랜드&디즈니씨, 도쿄 산리오 퓨로랜드 등 인기 테마파크 관련 어휘를 익혀 놀이기구와 쇼, 캐릭터 등을 즐기고 굿즈를 살 수 있어요.

후루룩 학습법

▸ 25분 학습 ◂ + ▸ 5분 휴식 ◂ = "1일 1후루룩 했다!"

1분 워밍업

- **애피타이저** 학습 전 셀프 체크하기

24분 집중

- **메인요리 ❶** 오사카 유니버설 스튜디오
- **요리 즐기기** 어휘 퀴즈 & 여행 회화
- **메인요리 ❷** 도쿄 디즈니랜드 & 디즈니씨
- **요리 즐기기** 어휘 퀴즈 & 여행 회화
- **메인요리 ❸** 도쿄 산리오 퓨로랜드
- **요리 즐기기** 어휘 퀴즈 & 여행 회화

5분 휴식

- **디저트** 학습 후 다시 한번 셀프 진단하기

애피타이저

학습을 시작하기 전, 내가 얼마나 알고 있는지 셀프 체크를 해 봅시다.

	YES	NO
★ 오사카 유니버설 스튜디오의 대표 놀이기구를 알고 있다.	☐	☐
★ '대기 시간'을 일본어로 말할 수 있다.	☐	☐
★ 도쿄 디즈니랜드의 '월드 바자르'가 어떤 곳인지 안다.	☐	☐
★ 도쿄 디즈니씨의 인기 놀이기구 2개를 알고 있다.	☐	☐
★ 산리오 퓨로랜드에서 마이멜로디를 만나는 팁을 알고 있다.	☐	☐
★ 점원에게 굿즈의 위치를 물어 볼 수 있다.	☐	☐

☑ 셀프진단

» **Yes가 4개 이상일 경우**
'메인요리1~3'을 빠르게 확인 후 '메인요리 즐기기'에 도전해 보세요!

» **Yes가 4개 이하일 경우**
'메인요리1~3'을 집중해서 확인 후 '메인요리 즐기기'에 도전해 보세요!

메인요리 ❶

오사카 유니버설 스튜디오, 이것만 알면 끝!

hururuk_official

3.2만 75 1,000 1.5만

sidaeedu님 외 **여러 명**이 좋아합니다

hururuk_official 와 여기 퍼레이드는 퀄이 다르네요!! #퓻쳐핸섭#씬난다#기다린보람이있네

- 유니버설 스튜디오를 제대로 즐기려면 일단 '개장 직후~90분'이 최대 승부예요. 오전 중에 '닌텐도 월드 → 해리포터' 순서로 계획을 짜고, 그 이후에는 여유있게 대표 쇼인 '워터월드'와 각종 퍼레이드를 즐기면 좋아요.
- 파크 내에서 정리권, 대기 시간, 쇼 시간 등을 체크하기 위해서는 앱 사용이 필수랍니다. 실시간으로 계속 확인해야 하기 때문에 보조배터리를 챙겨가면 든든할 거예요.

후루룩! 여행 단어 체크인

アトラクション [아토라쿠숑-] 놀이기구, 어트랙션	エリア [에리아] 구역
せいりけん [세-리켕-] (선착순) 번호표, 정리권	まちじかん [마찌지깡-] 대기 시간
マリオカート [마리오카-또] 마리오 카트	バタービール [바타-비-루] 버터 맥주
ターキーレッグ [타-키-렉-구] 터키 레그, 칠면조 다리	ウォーターワールド [워-타-와-루도] 워터월드 쇼

메인요리 즐기기

우리말 뜻을 보고 알맞은 단어를 일본어로 써 보자!

1 놀이기구, 어트랙션	2 구역
3 (선착순) 번호표, 정리권	4 대기 시간
5 마리오 카트	6 버터 맥주
7 터키 레그, 칠면조 다리	8 워터월드 쇼

빈칸에 알맞은 단어를 넣어 여행 회화를 연습해 보자!

1 マリオカートの ________ 、いま　どれくらいですか。
[마리오카-또노 마찌지깡- 이마 도레쿠라이데스까]
마리오 카트 대기 시간, 지금 얼마나 돼요?

2 ________ まだ　ありますか。
[바타-비-루 마다 아리마스까]
버터 맥주 아직 있나요?

3 ニンテンドー・ワールド ________ に　はいるには ________ が　ひつようですか。
[닌-텐-도- 와-루도 에리아니 하이루니와 세-리켄-가 히쯔요-데스까]
닌텐도 월드 구역에 들어가려면 번호표가 필요한가요?

정답은 요리즐기기 정답 168p에서 확인!

메인요리 ❷

도쿄 디즈니랜드&디즈니씨, 이것만 알면 끝!

hururuk_official

2.7만 83 925 1.8만

sidaeedu님 외 **여러 명**이 좋아합니다

hururuk_official 토이스토리 매니아 진짜 강추예요 #친구하고대결#내가짐ㅋㅋ

- ‘ワールドバザール(와-루도바자-루)(월드 바자르)’는 도쿄 디즈니랜드에 입장하면 무조건 한번은 거치는 구역으로, 이곳에는 랜드 내 가장 큰 기념품숍이 있으니 들러 보는 걸 추천해요. 이 구역 끝으로 쭉 걸어가면 그 유명한 신데렐라 성이 보인답니다.
- 디즈니씨는 디즈니랜드보다 어른용 휴식 포인트(바, 카페 등)가 많아요. 그리고 놀이기구 중에는 ‘소어린’과 ‘토이스토리 매니아’가 대기시간 양대산맥인데, 상대적으로 사람이 적은 아침 시간대를 노려 보세요.

후루룩! 여행 단어 체크인

- パレード [파레-도] 퍼레이드
- シンデレラじょう [신-데레라죠-] 신데렐라 성
- *ワールドバザール [와-루도바자-루] 월드 바자르
- ファストパス [화스또파스] 패스트패스
- ポート [포-또] 항구, 구역
- ソアリン [소아링-] 소어린
- トイストーリーマニア [토이스토-리-마니아] 토이스토리 매니아
- ポップコーン [폽-푸코-옹] 팝콘

메인요리 즐기기

우리말 뜻을 보고 알맞은 단어를 일본어로 써 보자!

1 퍼레이드		2 신데렐라 성	
3 월드 바자르		4 패스트패스	
5 항구, 구역		6 소어린	
7 토이스토리 매니아		8 팝콘	

빈칸에 알맞은 단어를 넣어 여행 회화를 연습해 보자!

1 これつ、 ＿＿＿＿＿＿ ですか。
[고노레쯔 소아린–데스까]
이 줄, 소어린 맞나요?

2 ＿＿＿＿＿＿ 、 もう おわったんですか。
[화스또파스 모– 오왓–딴–데스까]
패스트패스 벌써 끝났나요?

3 しょうゆバター あじの ＿＿＿＿＿＿ は どこで かえますか。
[쇼–유바타– 아지노 폽–푸코–옹와 도꼬데 카에마스까]
쇼유버터맛 팝콘은 어디에서 살 수 있나요?

정답은 요리즐기기 정답 168p에서 확인!

메인요리 ❸

도쿄 산리오 퓨로랜드, 이것만 알면 끝!

- 산리오 퓨로랜드는 쇼와 캐릭터 그리팅 일정이 핵심이에요. 특히 인기 캐릭터인 키티, 마이멜로디, 쿠로미에는 관람객이 엄청 몰리기 때문에 랜드 입장 즉시 입구 안내판이나 앱으로 시간표를 체크한 후 줄을 서야 해요.
- 캐릭터 굿즈는 일찍 사게 되면 하루종일 들고 다니기 힘들기 때문에 퇴장 직전에 사는 것을 추천해요. 그리고 퓨로랜드 한정 굿즈를 찾고 싶다면 '限定(겐–테–)(한정)' 문구 여부도 꼭 확인해 보세요.

후루룩! 여행 단어 체크인

체크!

- キャラクター [캬라쿠타–] 캐릭터
- グリーティング [그리–팅–구] 캐릭터 인사 이벤트
- グッズ [굿–즈] 굿즈, 상품
- しゃしん [샤싱–] 사진
- ハローキティ [하로–키티] 헬로키티
- マイメロディ [마이메로디] 마이멜로디
- ショー [쇼–] 쇼
- げんてい [겐–테–] 한정

메인요리 즐기기

우리말 뜻을 보고 알맞은 단어를 일본어로 써 보자!

1 캐릭터	2 캐릭터 인사 이벤트
3 굿즈, 상품	4 사진
5 헬로키티	6 마이멜로디
7 쇼	8 한정

빈칸에 알맞은 단어를 넣어 여행 회화를 연습해 보자!

1 ＿＿＿＿＿ と ＿＿＿＿＿ とれますか。

[마이메로디또 샤싱- 토레마스까]

마이멜로디랑 사진 찍을 수 있나요?

2 ポムポムプリンの ＿＿＿＿＿ は どこですか。

[포무포무푸린-노 굿-즈와 도꼬데스까]

폼폼푸린 굿즈는 어디 있어요?

3 ピューロランド ＿＿＿＿＿ ですか。

[퓨-로란-도 겐-테-데스까]

퓨로랜드 한정인가요?

정답은 요리즐기기 정답 168p에서 확인!

학습을 마친 후, 얼마나 이해했는지 다시 한번 체크해 보세요!

	그렇다	보통이다	모르겠다
★ 유니버설 스튜디오에서 마리오 카드 대기 시간을 문의할 수 있다.	☐	☐	☐
★ 해리포터 구역에서 버터 맥주를 주문할 수 있다.	☐	☐	☐
★ 디즈니랜드에서 소유버터맛 팝콘을 어디서 살 수 있는지 문의할 수 있다.	☐	☐	☐
★ 디즈니씨에서 '이 줄 소어린 맞나요?'라고 일본어로 물어 볼 수 있다.	☐	☐	☐
★ '헬로키티', '폼폼푸린'을 일본어로 말할 수 있다.	☐	☐	☐
★ 퓨로랜드 굿즈샵의 '限定(겐-테-)' 표시가 어떤 의미인지 안다.	☐	☐	☐

* 스코어 계산법 :
그렇다=3점, 보통이다=2점, 모르겠다=1점

나의 합계 스코어는 ______ 점

☑ 셀프진단

» 14점 이상 ★★★
정말 훌륭합니다! '메인 요리1~3'을 입으로 뱉어 본 후 바로 학습을 종료해 주세요.

» 9~13점 ★★
거의 다 왔습니다! 약한 부분만 시간에 맞춰 다시 학습한 후 학습을 종료해 주세요.

» 9점 미만 ★
괜찮아요! 다시 한번 차근차근 '메인 요리1~3'을 학습해 봅시다!

원어민 음성듣기

"가이세키 메인 요리는 고기로 하고 싶어요"

오늘의 후루룩 코스

Day 8 학습을 모두 마치면

온천, 가이세키, 일본식 다다미방 등 료칸과 관련된 다양한 어휘를 배우고 더욱 생생하게 료칸을 즐길 수 있어요.

후루룩 학습법

▸ 25분 학습 ◂

▸ 5분 휴식 ◂

"1일 1후루룩 했다!"

1분 워밍업

- **애피타이저** 학습 전 셀프 체크하기

24분 집중

- **메인요리 ❶** 료칸에서 온천 즐기기
- **요리 즐기기** 어휘 퀴즈 & 여행 회화
- **메인요리 ❷** 료칸에서 식사하기
- **요리 즐기기** 어휘 퀴즈 & 여행 회화
- **메인요리 ❸** 료칸에서 객실 살펴보기
- **요리 즐기기** 어휘 퀴즈 & 여행 회화

5분 휴식

- **디저트** 학습 후 다시 한번 셀프 진단하기

학습을 시작하기 전, 내가 얼마나 알고 있는지 셀프 체크를 해 봅시다.

	YES	NO
★ '온천'을 일본어로 말할 수 있다.	☐	☐
★ '카케유'가 무엇인지 알고있다.	☐	☐
★ '가이세키'가 무엇인지 알고 있다.	☐	☐
★ 료칸의 '객실 식사' 문화에 대해 들어 본 적이 있다.	☐	☐
★ 료칸의 '나카이상'의 역할을 알고 있다.	☐	☐
★ '이불', '베개'를 일본어로 말할 수 있다.	☐	☐

☑ 셀프진단

» Yes가 4개 이상일 경우

'메인요리1~3'을 빠르게 확인 후 '메인요리 즐기기'에 도전해 보세요!

» Yes가 4개 이하일 경우

'메인요리1~3'을 집중해서 확인 후 '메인요리 즐기기'에 도전해 보세요!

메인요리 ❶

료칸에서 온천 즐기기, 이것만 알면 끝!

hururuk_official

3.2만 75 1,000 1.5만

sidaeedu님 외 **여러 명**이 좋아합니다

hururuk_official 여행의 피로 싹 날려버리기! #힐링그잡채#온천전세냄

- 일본 온천에서는 먼저 간단하게 몸을 씻고 탕에 들어가는 것이 매너예요. 탕 입구에 놓여진 'かけ湯(카케유)'를 퍼서 어깨, 팔, 다리 등에 고루 끼얹어 보세요. 체온 적응의 의미도 있지만, 온천물은 '모두가 함께 쓰는 물'이라는 인식이 있어서 깨끗하게 쓰고자 하는 문화가 반영된 것이랍니다.
- '貸切風呂(카시키리부로)(전세탕)'는 일정 시간 동안 한 팀만 단독으로 사용하는 온천으로, 선착순 혹은 예약제로 운영되는 경우가 많아요. 가족, 커플끼리 프라이빗한 온천을 즐겨 보세요.

후루룩! 여행 단어 체크인

おんせん [온–셍–] 온천	ゆぶね [유부네] 욕탕, 욕조
ろてんぶろ [로템–부로] 노천탕	*かしきりぶろ [카시키리부로] 전세탕
かぞくぶろ [카조꾸부로] 가족탕	ひがえりおんせん [히가에리온–셍–] 당일치기 온천
*かけゆ [카케유] (입욕 전) 끼얹는 물	あしゆ [아시유] 족탕, 족욕

메인요리 즐기기

우리말 뜻을 보고 알맞은 단어를 일본어로 써 보자!

1 온천		2 욕탕, 욕조	
3 노천탕		4 전세탕	
5 가족탕		6 당일치기 온천	
7 (입욕 전) 끼얹는 물		8 족탕, 족욕	

빈칸에 알맞은 단어를 넣어 여행 회화를 연습해 보자!

1 .... は　ゆうりょうですか。
[카시키리부로와　유-료-데스까]
전세탕은 유료인가요?

2 この .... では、 .... も　たのしめますか。
[고노온-센-데와　아시유모　타노시메마스까]
이 온천에서는 족욕도 즐길 수 있나요?

3 .... は　いくつ　あるんですか。
[로텐-부로와　이쿠쯔　아룬-데스까]
노천탕은 몇 개 있나요?

정답은 요리즐기기 정답 169p에서 확인!

료칸에서 식사하기, 이것만 알면 끝!

'部屋食(헤야쇼꾸)(객실 식사)'는 일본 료칸 여행의 '로망' 서비스예요. 식당이 아닌 객실에서 식사하는 방식인데, 주로 '懐石料理(카이세끼료-리)'와 같이 정갈한 일본 코스 요리를 맛 볼 수 있어요. 다른 손님 없이 내 일행하고만 조용히 식사할 수 있다는 것이 큰 매리트지만, 가격은 상대적으로 비싼 편이에요. 정해진 시간에 객실 담당자인 '中居さん(나까이상-)'이 요리 세팅부터 배식, 정리까지 모두 해 준답니다.

후루룩! 여행 단어 체크인

체크!

- ゆうしょく [유-쇼꾸] 저녁 식사
- *へやしょく [헤야쇼꾸] 객실 식사
- しょくどう [쇼꾸도-] (객실 밖) 식당
- *かいせき [카이세키] 가이세키, 일본식 코스 요리
- コース [코-스] 코스
- アレルギー [아레루기-] 알레르기
- おにく [오니꾸] 고기, 고기 요리
- さかな [사까나] 생선, 생선 요리

메인요리 즐기기

우리말 뜻을 보고 알맞은 단어를 일본어로 써 보자!

1 저녁 식사	2 객실 식사
3 (객실 밖) 식당	4 가이세키, 일본식 코스 요리
5 코스	6 알레르기
7 고기, 고기 요리	8 생선, 생선 요리

빈칸에 알맞은 단어를 넣어 여행 회화를 연습해 보자!

1 ＿＿＿＿＿の　じかんは　いつから　いつまでですか。

[유-쇼꾸노 지깡-와 이쯔까라 이쯔마데데스까]

저녁 식사 시간은 언제부터 언제까지인가요?

2 ＿＿＿＿＿の　メインは　＿＿＿＿＿に　したいんです。

[카이세키노 메잉-와 오니꾸니 시따인-데스]

가이세키 메인 요리는 고기로 하고 싶어요.

3 ＿＿＿＿＿の　メニューは　えらべるんですか。

[헤야쇼꾸노 메뉴-와 에라베룬-데스까]

객실 식사 메뉴는 고를 수 있나요?

정답은 요리즐기기 정답 169p에서 확인!

료칸에서 객실 살펴보기, 이것만 알면 끝!

료칸 객실에 ‘ふとん[후통–](이불)’은 단순히 잠자는 도구가 아니라, 일본 전통 생활 리듬을 체험하는 요소예요. 온천하고 나서 다다미 위에 깔려진 이불 속에 몸을 넣으면 “아 이게 료칸이구나”라는 느낌이 확 와요. 이불은 ‘中居さん[나까이 상–]’이 저녁 식사 혹은 저녁 온천욕 후 등 적당한 타이밍에 방에 찾아와 직접 깔아 주신답니다.

후루룩! 여행 단어 체크인

체크!

- わしつ [와시쯔] 일본식 방
- たたみ [타타미] 다다미
- しょうじ [쇼–지] 종이 미닫이문
- とこのま [토코노마] 토코노마, 장식 공간
- かけじく [카케지꾸] (벽에 걸린) 장식용 족자
- まくら [마쿠라] 베개
- *ふとん [후통–] 이불
- ざぶとん [자부통–] 방석

메인요리 즐기기

발음듣기

우리말 뜻을 보고 알맞은 단어를 일본어로 써 보자!

1 일본식 방	2 다다미
3 종이 미닫이 문	4 토코노마, 장식 공간
5 (벽에 걸린) 장식용 족자	6 베개
7 이불	8 방석

빈칸에 알맞은 단어를 넣어 여행 회화를 연습해 보자!

1 ＿＿＿＿＿＿ の　におい　いいですね。
[타타미노　니오이　이–데스네]
다다미 냄새 좋네요.

2 ＿＿＿＿＿＿ を　すこし　おそめに　しいて　もらえますか。
[후통–오　스꼬시　오소메니　시–떼　모라에마스까]
이불을 조금 늦게 깔아 주실 수 있나요?

3 ＿＿＿＿＿＿ の　カバーを　かえて　いただけますか。
[마쿠라노　카바–오　카에떼　이따다케마스까]
베개 커버를 바꿔 주실 수 있나요?

정답은 요리즐기기 정답 169p에서 확인!

학습을 마친 후, 얼마나 이해했는지 다시 한번 체크해 보세요!

	그렇다	보통이다	모르겠다
★ 'かけゆ'가 무엇인지 설명할 수 있다.	☐	☐	☐
★ 'かしきりぶろ'의 특징을 설명할 수 있다.	☐	☐	☐
★ 'へやしょく'의 장점을 설명할 수 있다.	☐	☐	☐
★ 가이세키의 메인을 고기로 해 달라고 부탁할 수 있다.	☐	☐	☐
★ 료칸의 'ふとん'에 대해 설명할 수 있다.	☐	☐	☐
★ 나카이상에게 베개 커버 교체를 요청할 수 있다.	☐	☐	☐

* 스코어 계산법 :
그렇다=3점, 보통이다=2점, 모르겠다=1점

나의 합계 스코어는 ______ 점

☑ 셀프진단

» **14점 이상 ★★★**
정말 훌륭합니다! '메인 요리1~3'을 입으로 뱉어 본 후 바로 학습을 종료해 주세요.

» **9~13점 ★★**
거의 다 왔습니다! 약한 부분만 시간에 맞춰 다시 학습한 후 학습을 종료해 주세요.

» **9점 미만 ★**
괜찮아요! 다시 한번 차근차근 '메인 요리1~3'을 학습해 봅시다!

원어민 음성듣기

"몬치치 키링이 갖고 싶어요"

오늘의 후루룩 코스

Day 9 학습을 모두 마치면

드럭스토어, 각종 기념품, 전자제품까지 일본 필수 쇼핑 아이템과 관련된 어휘를 익히고 즐겁게 쇼핑할 수 있어요.

후루룩 학습법

▸ 25분 학습 ◂ + ▸ 5분 휴식 ◂ =

"1일 1후루룩 했다!"

1분 워밍업

- **애피타이저** 학습 전 셀프 체크하기

24분 집중

- **메인요리 ❶** 드럭스토어 쇼핑
- **요리 즐기기** 어휘 퀴즈 & 여행 회화
- **메인요리 ❷** 기념품 쇼핑
- **요리 즐기기** 어휘 퀴즈 & 여행 회화
- **메인요리 ❸** 전자제품 쇼핑
- **요리 즐기기** 어휘 퀴즈 & 여행 회화

5분 휴식

- **디저트** 학습 후 다시 한번 셀프 진단하기

학습을 시작하기 전, 내가 얼마나 알고 있는지 셀프 체크를 해 봅시다.

	YES	NO
★ 일본 드럭스토어에 어떤 물건들이 있는지 알고 있다.	☐	☐
★ '화장품', '영양제', '안약' 등을 일본어로 알고 있다.	☐	☐
★ '오미야게' 문화에 대해 들어 본적이 있다.	☐	☐
★ 점원에게 선물 포장을 부탁할 수 있다.	☐	☐
★ 일본 전자제품 구매 시 주의사항을 알고 있다.	☐	☐
★ 일본 대표 전자제품 체인점을 알고 있다.	☐	☐

☑ 셀프진단

» Yes가 4개 이상일 경우
'메인요리1~3'을 빠르게 확인 후 '메인요리 즐기기'에 도전해 보세요!

» Yes가 4개 이하일 경우
'메인요리1~3'을 집중해서 확인 후 '메인요리 즐기기'에 도전해 보세요!

메인요리 ❶

드럭스토어 쇼핑, 이것만 알면 끝!

일본 'ドラッグストア(드럭스토어)'는 의약품뿐만 아니라 화장품, 건강식품, 생활용품을 함께 파는 매장으로 일본 여행의 필수 코스예요. 같은 제품이라도 편의점, 백화점보다 저렴하고 제품 종류나 매장 수가 압도적으로 많아 접근성도 최고랍니다. 일정 금액을 초과하게 되면 '免税(면세)' 계산도 가능하니 쇼핑 계획이 있다면 여권을 꼭 챙겨 가세요.

후루룩! 여행 단어 체크인

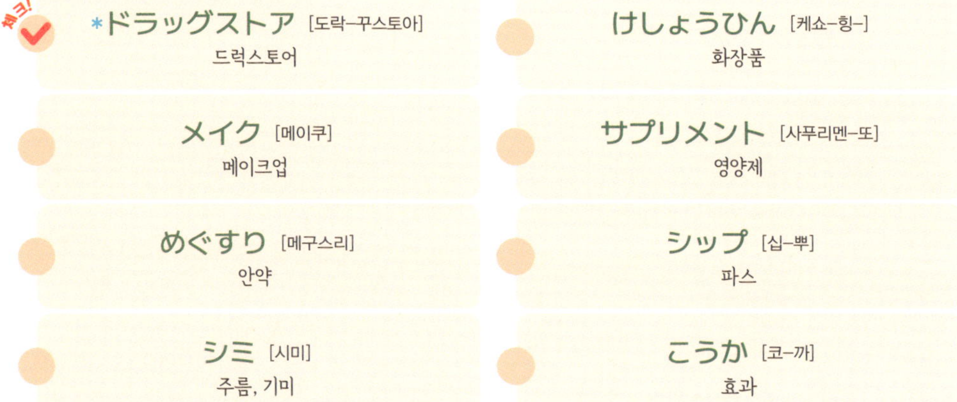

체크!

*ドラッグストア [도락–꾸스토아]
드럭스토어

けしょうひん [케쇼–힝–]
화장품

メイク [메이쿠]
메이크업

サプリメント [사푸리멘–또]
영양제

めぐすり [메구스리]
안약

シップ [십–뿌]
파스

シミ [시미]
주름, 기미

こうか [코–까]
효과

메인요리 즐기기

우리말 뜻을 보고 알맞은 단어를 일본어로 써 보자!

1 드럭스토어	2 화장품
3 메이크업	4 영양제
5 안약	6 파스
7 주름, 기미	8 효과

빈칸에 알맞은 단어를 넣어 여행 회화를 연습해 보자!

1 **점원:** いらっしゃいませ。 何(なに)を　おさがしですか。

[이랏-샤이마세　나니오　오사가시데스까]

어서오세요. 무엇을 찾고 계세요?

나: ________ ようひんを　さがしてるんです。

[메이쿠요-힝-오　사가시떼룬-데스]

메이크업 제품을 찾고 있어요.

2 このクリーム、________ に ________ は　ありますか。

[고노크리-무　시미니　코-까와　아리마스까]

이 크림, 주름에 효과 있나요?

정답은 요리즐기기 정답 170p에서 확인!

메인요리 ❷

기념품 쇼핑, 이것만 알면 끝!

2.7만 83 925 1.8만

sidaeedu님 외 **여러 명**이 좋아합니다

hururuk_official 선물 사러 왔는데 그냥 다 내가 갖고 싶어 ㅎㅎㅎ #킷캣종류가이렇게많다니#몬치치귀여워미침

'お土産(오미야게)(기념품)'를 한자 그대로 보면 '지역 특산물'이 아닐까 싶지만, 현지에서는 '여행지에서 사 오는 기념품'이라는 의미로 사용해요. 직장, 학교, 지인 등에게 마음을 전하고자 하는 의미가 담겨 있고, 여러 사람에게 한 개씩 나눠주는 일이 많아, 매장에 가면 개별 포장된 선물들을 많이 볼 수 있어요. 초콜릿, 쿠키 등의 'スイーツ(스이-츠)(과자류)'가 가장 흔하고, 'キーホルダー(키-호루다-)(키링)'나 캐릭터 굿즈 등도 인기가 많아요.

후루룩! 여행 단어 체크인

체크!

*おみやげ [오미야게] 기념품	*キーホルダー [키-호루다-] 키링
めいぶつ [메-부쯔] 명물	*スイーツ [스이-츠] 과자류
じたくよう [지타꾸요-] 집에서 쓸 용도	プレゼントよう [푸레젠-또요-] 선물용
ラッピング [랍-핑-구] 포장	ふくろ [후꾸로] 봉투

메인요리 즐기기

발음듣기

우리말 뜻을 보고 알맞은 단어를 일본어로 써 보자!

1 기념품	2 키링
3 명물	4 과자류
5 집에서 쓸 용도	6 선물용
7 포장	8 봉투

빈칸에 알맞은 단어를 넣어 여행 회화를 연습해 보자!

1 점원: ご＿＿＿＿＿＿＿＿ですか。

[고지타꾸요-데스까]

집에서 쓰시는 건가요?

나: いいえ、＿＿＿＿＿＿＿＿です。

[이-에 푸레젠-또요-데스]

아니요, 선물용이에요.

2 モンチッチの＿＿＿＿＿＿＿＿が ほしいです。

[몬-칫-치노 키-호루다-가 호시이데스]

몬치치 키링이 갖고 싶어요.

정답은 요리즐기기 정답 170p에서 확인!

메인요리 ❸

전자제품 쇼핑, 이것만 알면 끝!

hururuk_official

3.5만 96 1,113 2.3만

sidaeedu님 외 **여러 명**이 좋아합니다

hururuk_official 레트로 감성 낭낭한 디카 찾으러 빅카메라 왔어요
#코닥#산요#겐코#아뭐사지

- 전자제품 체인점 중에는 '요도바시 카메라'와 '빅카메라'가 관광객 면세 시스템, 쿠폰 할인, 외국어 응대 등 상대적으로 괜찮은 서비스를 갖추고 있어요. 다만 내수용 제품은 해외 A/S가 불가능한 경우가 많아 체크가 필수예요.
- 일본 전압은 100V이기 때문에 구매 시 프리볼트(100–240V) 대응 가능한 제품인지 직원에게 꼭 확인하셔야 한답니다.

후루룩! 여행 단어 체크인

でんしきき [덴–시키키] 전자제품, 전자기기	ざいこ [자이코] 재고
デジカメ [데지카메] 디지털 카메라	エアポッズ [에아폿–즈] 에어팟
ゲームソフト [게–무소후또] 게임팩	うでどけい [우데도케–] 손목시계
モデル [모데루] 모델	わりびき [와리비키] 할인

메인요리 즐기기

발음듣기

우리말 뜻을 보고 알맞은 단어를 일본어로 써 보자!

1 전자제품, 전자기기	2 재고
3 디지털 카메라	4 에어팟
5 게임팩	6 손목시계
7 모델	8 할인

빈칸에 알맞은 단어를 넣어 여행 회화를 연습해 보자!

1 この ______________ 、めんぜいで 買(か)えますか。
[고노데지카메 멘-제-데 카에마스까]
이 디카 면세 금액으로 살 수 있나요?

2 SEIKOの ______________ は ぜんぶ なんしゅるい あるんですか。
[세-코노 우데도케-와 젠-부 난-슈루이 아룬-데스까]
세이코 손목시계는 전부 몇 종류 있나요?

3 かいがいでも つかえる ______________ は 何(なん)ですか。
[카이가이데모 츠카에루 게-무소후또와 난-데스까]
해외에서도 사용 가능한 게임팩은 뭔가요?

정답은 요리즐기기 정답 170p에서 확인!

학습을 마친 후, 얼마나 이해했는지 다시 한번 체크해 보세요!

	그렇다	보통이다	모르겠다
★ 점원에게 파스를 찾고 있다고 말할 수 있다.	☐	☐	☐
★ 점원에게 안약을 찾고 있다고 말할 수 있다.	☐	☐	☐
★ 점원에게 집에서 쓸 용도라고 말할 수 있다.	☐	☐	☐
★ 'おみやげ'가 무엇인지 이제 설명할 수 있다.	☐	☐	☐
★ 에어팟을 면세 금액으로 살 수 있는지 물어 볼 수 있다.	☐	☐	☐
★ 세이코의 손목시계가 전부 몇 종류 있는지 물어 볼 수 있다.	☐	☐	☐

* 스코어 계산법 :
그렇다=3점, 보통이다=2점, 모르겠다=1점

나의 합계 스코어는 ______ 점

☑ 셀프진단

» **14점 이상 ★★★**
정말 훌륭합니다! '메인 요리1~3'을 입으로 뱉어 본 후 바로 학습을 종료해 주세요.

» **9~13점 ★★**
거의 다 왔습니다! 약한 부분만 시간에 맞춰 다시 학습한 후 학습을 종료해 주세요.

» **9점 미만 ★**
괜찮아요! 다시 한번 차근차근 '메인 요리1~3'을 학습해 봅시다!

원어민 음성듣기

"오늘은 붉은 살 생선 위주로 먹고 싶어요"

오늘의 후루룩 코스

Day 10 학습을 모두 마치면

다양한 스시 메뉴 어휘를 익히고 실전에서 원하는 메뉴를 주문할 수 있어요.

후루룩 학습법

▸ 25분 학습 ◂ + ▸ 5분 휴식 ◂ = "1일 1후루룩 했다!"

1분 워밍업

- **애피타이저** 학습 전 셀프 체크하기

24분 집중

- **메인요리 ❶** 흰살생선 스시
- **요리 즐기기** 어휘 퀴즈 & 여행 회화
- **메인요리 ❷** 붉은 살 생선과 등푸른 생선 스시
- **요리 즐기기** 어휘 퀴즈 & 여행 회화
- **메인요리 ❸** 기타 스시
- **요리 즐기기** 어휘 퀴즈 & 여행 회화

5분 휴식

- **디저트** 학습 후 다시 한번 셀프 진단하기

학습을 시작하기 전, 내가 얼마나 알고 있는지 셀프 체크를 해 봅시다.

	YES	NO
★ 흰살생선을 일본어로 3개 이상 말할 수 있다.	☐	☐
★ 흰살생선은 어느 타이밍에 먹는지 알고 있다.	☐	☐
★ 붉은 살 생선을 일본어로 2개 이상 말할 수 있다.	☐	☐
★ 등푸른 생선을 일본어로 2개 이상 말할 수 있다.	☐	☐
★ 기타 스시 메뉴를 일본어로 3개 이상 말할 수 있다.	☐	☐
★ '군함말이'에 대해 들어 본 적이 있다.	☐	☐

☑ 셀프진단

» Yes가 4개 이상일 경우
'메인요리1~3'을 빠르게 확인 후 '메인요리 즐기기'에 도전해 보세요!

» Yes가 4개 이하일 경우
'메인요리1~3'을 집중해서 확인 후 '메인요리 즐기기'에 도전해 보세요!

메인요리 ❶

8분

흰살생선 스시, 이것만 알면 끝!

hururuk_official 스시는 흰살생선부터 먹는 거래요 #본토스시#사르르녹는다

- 흰살생선은 일본어로 '白身魚(시로미 자까나)'라고 해요. 지방이 적고 담백하며 탱글, 쫄깃한 식감이 특징이에요. 흰살은 미각을 깨끗하게 열어주는 역할을 하기 때문에, 현지 사람들은 첫 접시로 흰살생선 스시를 택한답니다.
- 'えんがわ(엥-가와)'는 가자미, 광어의 지느러미 부위를 말하는데, 흰살인데도 지방이 풍부하고 씹을수록 고소함이 올라온답니다. 스시집에서 발견했다면 꼭 한번 주문해 보세요.

후루룩! 여행 단어 체크인

체크!

*しろみ [시로미] 흰살(생선)	たい [타이] 도미
ひらめ [히라메] 광어	すずき [스즈키] 농어
かれい [카레이] 가자미	さわら [사와라] 삼치
しまあじ [시마아지] 줄무늬 전갱이	いさき [이사키] 벤자리

메인요리 즐기기

우리말 뜻을 보고 알맞은 단어를 일본어로 써 보자!

1 흰살(생선)	2 도미
3 광어	4 농어
5 가자미	6 삼치
7 줄무늬 전갱이	8 벤자리

빈칸에 알맞은 단어를 넣어 여행 회화를 연습해 보자!

1 ＿＿＿＿＿＿ では ＿＿＿＿＿＿ と ＿＿＿＿＿＿ が すきです。
[시로미데와 타이또 히라메가 스끼데스]
흰살 중에는 도미하고 광어를 좋아해요.

2 나: ＿＿＿＿＿＿ って、どんな 味(あじ)ですか。
[스즈킷–떼 돈–나 아지데스까]
농어는 어떤 맛이에요?

직원: くせが なくて 食(た)べやすいです。
[쿠세가 나쿠떼 타베야스이데스]
비린내가 없고 먹기 편해요.

정답은 요리즐기기 정답 171p에서 확인!

메인요리 ❷

붉은 살, 등푸른 생선 스시, 이것만 알면 끝!

hururuk_official

2.7만 83 925 1.8만

sidaeedu님 외 **여러 명**이 좋아합니다

hururuk_official 기름진 참치 마구마구 먹어야지 #마구로#츄토로#존맛탱

- 흰살이 스시의 시작이라면, 붉은 살 생선 '赤身魚(아까 미 자까나)'는 맛의 중심축이자 본격적으로 맛이 올라오는 메뉴라고 보면 돼요. 깊은 감칠맛과 풍미가 핵심으로 스시집의 실력을 엿볼 수 있어요.
- 등푸른 생선은 '光り物(히까 리 모노)'라고 해요. 스시에서 개성과 향 그리고 산미를 담당하는데, 순서로는 흰살과 붉은살을 먹은 후 먹으면 좋아요. 비린내가 있는 편이라 호불호가 강하지만, 진정한 스시 마니아들은 꼭 찾는 메뉴랍니다.

후루룩! 여행 단어 체크인

체크!

- *あかみ [아까미] 붉은 살(생선)
- まぐろ [마구로] 참치 등살
- ちゅうとろ [츄-토로] 참치 중뱃살
- おおとろ [오-토로] 참치 대뱃살
- かつお [카츠오] 가다랑어
- さば [사바] 고등어
- あじ [아지] 전갱이
- いわし [이와시] 정어리

메인요리 즐기기

우리말 뜻을 보고 알맞은 단어를 일본어로 써 보자!

1 붉은 살(생선)	2 참치 등살
3 참치 중뱃살	4 참치 대뱃살
5 가다랑어	6 고등어
7 전갱이	8 정어리

빈칸에 알맞은 단어를 넣어 여행 회화를 연습해 보자!

1 今日(きょう)は ＿＿＿＿＿＿ を　メインに　食(た)べたいです。
[쿄-와 아까미오 메인-니 타베따이데스]
오늘은 붉은 살 위주로 먹고 싶어요.

2 나: にんきの　ネタは　どれですか。
[닝-끼노 네따와 도레데스까]
인기 있는 재료가 뭐예요?

점원: ＿＿＿＿＿＿ が　にんきです。 あぶらが　ほどよくて　おいしいです。
[츄-토로가 닝-끼데스 아부라가 호도요쿠떼 오이시-데스]
참치 중뱃살이 인기예요. 지방이 적당히 있어서 맛있어요.

정답은 요리즐기기 정답 171p에서 확인!

기타 스시 메뉴, 이것만 알면 끝!

hururuk_official

3.5만 96 1,113 2.3만

sidaeedu님 외 **여러 명**이 좋아합니다

hururuk_official 새우와 군함, 마끼로 스시 마무리 #배불러#그래도놓칠수없지

- '궁-깡-ぐんかん(군함말이)'은 생김새가 '군함'과 유사하여 붙여진 스시 종류인데, '이꾸라いくら(연어알)'나 '우니うに(성게알)'와 같이 형태가 흐트러지기 쉬운 재료에 주로 사용해요.
- 스시를 먹다가 차가운 속을 달래고 싶을 땐 일본식 계란찜인 '챠왕-무시茶碗蒸し'를 주문해 보세요. '챠왕-茶碗(찻잔)'에 담겨 나와 이런 이름이 붙게 되었답니다. 부드럽고 은은한 다시 맛과 함께 쏙쏙 박힌 어묵, 은행, 새우 등을 찾아 먹는 재미가 있어요.

후루룩! 여행 단어 체크인

체크!

いか [이까] 오징어	たこ [타코] 문어
*えび [에비] 새우	あなご [아나고] 붕장어
*いくら [이꾸라] 연어알	うに [우니] 성게알
*ぐんかん [궁-깡-] 군함말이	まき [마끼] 마키, 김말이 초밥

메인요리 즐기기

우리말 뜻을 보고 알맞은 단어를 일본어로 써 보자!

1 오징어	2 문어
3 새우	4 붕장어
5 연어알	6 성게알
7 군함말이	8 마키, 김말이 초밥

빈칸에 알맞은 단어를 넣어 여행 회화를 연습해 보자!

1 あま＿＿＿＿＿＿ と ＿＿＿＿＿＿ を ひとつずつ おねがいします。
[아마에비또 타코오 히토쯔즈쯔 오네가이시마스]
단새우하고 문어를 하나씩 주세요.

2 すいません、ねぎどろ＿＿＿＿＿＿ と ＿＿＿＿＿＿ ください。
[스이마셍— 네기토로마끼또 이꾸라궁—깡— 쿠다사이]
저기요, 다진 참치살 마키하고 연어알 군함말이 주세요.

3 ＿＿＿＿＿＿ は ちゅうもん できないんですか。
[아나고와 츄—몽— 데끼나인—데스까]
붕장어는 주문 안 되나요?

정답은 요리즐기기 정답 171p에서 확인!

학습을 마친 후, 얼마나 이해했는지 다시 한번 체크해 보세요!

	그렇다	보통이다	모르겠다
★ 흰살생선을 일본어로 6개 이상 말할 수 있다.	☐	☐	☐
★ 'えんがわ'가 어떤 스시인지 설명할 수 있다.	☐	☐	☐
★ 'あかみざかな'의 맛의 특징을 설명할 수 있다.	☐	☐	☐
★ 등푸른 생선을 언제 먹으면 좋은지 알고 있다.	☐	☐	☐
★ 기타 스시 메뉴를 6개 이상 말할 수 있다.	☐	☐	☐
★ 어떤 재료로 군함말이를 만드는지 설명할 수 있다.	☐	☐	☐

* 스코어 계산법 :
그렇다=3점, 보통이다=2점, 모르겠다=1점

나의 합계 스코어는 ______ 점

☑ 셀프진단

» **14점 이상 ★★★**
정말 훌륭합니다! '메인 요리1~3'을 입으로 뱉어 본 후 바로 학습을 종료해 주세요.

» **9~13점 ★★**
거의 다 왔습니다! 약한 부분만 시간에 맞춰 다시 학습한 후 학습을 종료해 주세요.

» **9점 미만 ★**
괜찮아요! 다시 한번 차근차근 '메인 요리1~3'을 학습해 봅시다!

DAY 11

"한꺼번에 결제할게요"

오늘의 후루룩 코스

애피타이저

메인요리1~3

디저트

Day 11 학습을 모두 마치면

카페 주문부터 결제까지 모든 과정과 관련된 어휘를 배우고 실제 여행에서 즐거운 카페 타임을 즐길 수 있어요.

후루룩 학습법

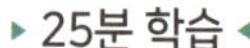

▸ 25분 학습 ◂ + ▸ 5분 휴식 ◂ = "1일 1후루룩 했다!"

1분 워밍업

- **애피타이저** 학습 전 셀프 체크하기

24분 집중

- **메인요리 ❶** 커피 주문과 메뉴 선택
- **요리 즐기기** 어휘 퀴즈 & 여행 회화
- **메인요리 ❷** 매장 이용과 자리 표현
- **요리 즐기기** 어휘 퀴즈 & 여행 회화
- **메인요리 ❸** 추가 주문과 결제
- **요리 즐기기** 어휘 퀴즈 & 여행 회화

5분 휴식

- **디저트** 학습 후 다시 한번 셀프 진단하기

학습을 시작하기 전, 내가 얼마나 알고 있는지 셀프 체크를 해 봅시다.

	YES	NO
★ 따뜻한 커피, 아이스 커피를 주문할 수 있다.	☐	☐
★ '설탕', '프림'을 일본어로 알고 있다.	☐	☐
★ '포장'을 일본어로 알고 있다.	☐	☐
★ 점원에게 인원 수를 설명할 수 있다.	☐	☐
★ 점원에게 한꺼번에 결제하겠다고 말할 수 있다.	☐	☐
★ '잘 먹었습니다'라는 말을 일본어로 할 수 있다.	☐	☐

☑ 셀프진단

» Yes가 4개 이상일 경우
'메인요리1~3'을 빠르게 확인 후 '메인요리 즐기기'에 도전해 보세요!

» Yes가 4개 이하일 경우
'메인요리1~3'을 집중해서 확인 후 '메인요리 즐기기'에 도전해 보세요!

메인요리 ❶

커피 주문과 메뉴 선택, 이것만 알면 끝!

hururuk_official •••

♥ 3.2만 75 1,000 1.5만

sidaeedu님 외 **여러 명**이 좋아합니다

hururuk_official 스벅 리저브에서 아아에 크로와상 먹고 하루 시작
#카페인충전#무조건아아지

일본 카페의 기본 메뉴인 'ブラックコーヒー[브락꾸코-히-](블랙커피)'를 시키면, 우리에게 익숙한 아메리카노가 아니라 '드립커피'가 나온답니다. 그럼에도 "나는 무조건 아메리카노!" 하는 분들은 직원에게 'アメリカーノ[아메리카-노]'가 있는지 문의해 보세요. 현지 카페에는 잘 없는 메뉴이지만 운 좋게 만들어 줄지 몰라요.

후루룩! 여행 단어 체크인

체크! コーヒー [코-히-] 커피	アイス [아이스] 아이스
ホット [홋-또] 핫, 뜨거운	サイズ [사이즈] 사이즈
さとう [사토-] 설탕	ミルク [미루꾸] 커피용 프림
あまさ [아마사] 당도, 단맛	ガムシロップ [가무시롭-뿌] 설탕 시럽

메인요리 즐기기

우리말 뜻을 보고 알맞은 단어를 일본어로 써 보자!

1 커피	2 아이스
3 핫, 뜨거운	4 사이즈
5 설탕	6 커피용 프림
7 당도, 단맛	8 설탕 시럽

빈칸에 알맞은 단어를 넣어 여행 회화를 연습해 보자!

1 ＿＿＿＿ コーヒー L＿＿＿＿で。
[아이스코–히–　에루사이즈데]
아이스커피 L사이즈로요.

2 ＿＿＿＿ ひかえめで　おねがいします。
[아마사　히까에메데　오네가이시마스]
단맛은 조금만 부탁드려요.

3 ＿＿＿＿は　だいじょうぶです。＿＿＿＿だけ
ください。
[사토–와　다이죠–부데스　미루꾸다께　쿠다사이]
설탕은 괜찮아요. 프림만 주세요.

정답은 요리즐기기 정답 172p에서 확인!

메인요리 ❷

매장 이용과 자리 표현, 이것만 알면 끝!

hururuk_official 카페에서 사람 구경하는 거 재밌어요 #현지감성충만#여기살고싶다

- 자리 안내 전 직원이 항상 물어보는 질문에 '何名さまですか[남-메-사마데스까](몇 분이세요?)'가 있어요. 1명일 경우에는 대답을 '1人です[히또리데스]', 2명은 '2人です[후따리데스]', 3명은 '3人です[산-닝-데스]', 4명은 '4人です[요닝-데스]'라고 하면 돼요.
- 매장에서 마신다고 할 경우에는 '店内で飲みます[텐-나이데노미마스](매장 안에서 마실게요)'라고 해 보세요.

후루룩! 여행 단어 체크인

*てんない [텐-나이] 매장 안	もちかえり [모찌카에리] 포장, 테이크 아웃
せき [세키] 자리	カウンターせき [카운-타-세키] 카운터 좌석
テーブルせき [테-부르세키] 테이블 좌석	まどがわ [마도가와] 창가 쪽
じゅんばんまち [쥼-방-마찌] 대기, 줄 서서 기다림	あんない [안-나이] 안내

메인요리 즐기기

우리말 뜻을 보고 알맞은 단어를 일본어로 써 보자!

1 매장 안	2 포장, 테이크 아웃
3 자리	4 카운터 좌석
5 테이블 좌석	6 창가 쪽
7 대기, 줄 서서 기다림	8 안내

빈칸에 알맞은 단어를 넣어 여행 회화를 연습해 보자!

1 **점원:** ________ ごりようですか。
[텐-나이 고리요-데스까]
매장 안에서 드시나요?

나: いいえ、________ です。
[이-에 모찌카에리데스]
아니요, 포장이요.

2 今(いま)、________ ですか。
[이마 쥼-방-마찌데스까]
지금 대기해야 하나요?

정답은 요리즐기기 정답 172p에서 확인!

메인요리 ❸

추가 주문과 결제, 이것만 알면 끝!

- 한국 카페도 리필이 마냥 무료는 아닌 것처럼, 일본도 'おかわり(오까와리)(리필)'는 기본적으로 무료가 아니랍니다. '있으면 고마운 옵션' 정도로 생각하시면 좋아요.
- 'まとめて(마토메떼)' 대신 '一緒で(잇-쇼데)'라고 말해도 '한꺼번에'라는 의미가 전달돼요.

후루룩! 여행 단어 체크인

체크!

*おかわり [오까와리] 리필	おかいけい [오카이케-] 계산
レジ [레지] 계산대	げんきん [겡-킹-] 현금
カード [카-도] 신용카드	レシート [레시-또] 영수증
*まとめて [마토메떼] 한꺼번에	べつべつ [베쯔베쯔] 따로따로

메인요리 즐기기

우리말 뜻을 보고 알맞은 단어를 일본어로 써 보자!

1 리필	2 계산
3 계산대	4 현금
5 신용카드	6 영수증
7 한꺼번에	8 따로따로

빈칸에 알맞은 단어를 넣어 여행 회화를 연습해 보자!

1 ______________ はらいます。
[마토메떼 하라이마스]
한꺼번에 결제할게요.

2 점원: こちら、______________ と ______________ で ございます。
[고찌라 카-도또 레시-또데 고자이마스]
여기 카드와 영수증입니다.

나: ごちそうさまでした。
[고찌소-사마데시따]
잘 먹었습니다.

정답은 요리즐기기 정답 172p에서 확인!

학습을 마친 후, 얼마나 이해했는지 다시 한번 체크해 보세요!

	그렇다	보통이다	모르겠다
★ 따뜻한 커피 L사이즈를 주문할 수 있다.	☐	☐	☐
★ 점원에게 설탕 시럽만 달라고 말할 수 있다.	☐	☐	☐
★ 점원에게 매장에서 먹겠다고 말할 수 있다.	☐	☐	☐
★ 점원에게 '4명이요'라고 말할 수 있다.	☐	☐	☐
★ 'まとめて'와 바꿔 쓸 수 있는 표현을 알고 있다.	☐	☐	☐
★ 점원에게 따로따로 결제하겠다고 말할 수 있다.	☐	☐	☐

* 스코어 계산법 :
그렇다=3점, 보통이다=2점, 모르겠다=1점

나의 합계 스코어는 ______ 점

☑ 셀프진단

» 14점 이상 ★★★
정말 훌륭합니다! '메인 요리1~3'을 입으로 뱉어 본 후 바로 학습을 종료해 주세요.

» 9~13점 ★★
거의 다 왔습니다! 약한 부분만 시간에 맞춰 다시 학습한 후 학습을 종료해 주세요.

» 9점 미만 ★
괜찮아요! 다시 한번 차근차근 '메인 요리1~3'을 학습해 봅시다!

원어민 음성듣기

DAY 12

오늘의 후루룩 코스

애피타이저

메인요리1~3

디저트

Day 12 학습을 모두 마치면

몸 상태나 증상 설명, 사고 및 분실 등 곤란한 상황에서 유용한 어휘를 배우고 실전에서 활용할 수 있어요.

후루룩 학습법

▸ 25분 학습 ◂ + ▸ 5분 휴식 ◂ = "1일 1후루룩 했다!"

1분 워밍업

- **애피타이저** 학습 전 셀프 체크하기

24분 집중

- **메인요리 ❶** 몸이 아플 때
- **요리 즐기기** 어휘 퀴즈 & 여행 회화
- **메인요리 ❷** 병원, 약국에서
- **요리 즐기기** 어휘 퀴즈 & 여행 회화
- **메인요리 ❸** 사고, 분실, 도움 요청
- **요리 즐기기** 어휘 퀴즈 & 여행 회화

5분 휴식

- **디저트** 학습 후 다시 한번 셀프 진단하기

학습을 시작하기 전, 내가 얼마나 알고 있는지 셀프 체크를 해 봅시다.

	YES	NO
★ '아프다'라는 말을 일본어로 할 수 있다.	☐	☐
★ 컨디션이 안 좋을 때 하는 말을 알고 있다.	☐	☐
★ '병원', '약국'을 일본어로 말할 수 있다.	☐	☐
★ 증상을 설명하고 약을 요청할 수 있다.	☐	☐
★ 주변 사람에게 여권을 잃어버렸다고 말할 수 있다.	☐	☐
★ 휴대폰 충전이 가능한지 부탁할 수 있다.	☐	☐

☑ 셀프진단

» Yes가 4개 이상일 경우
'메인요리1~3'을 빠르게 확인 후 '메인요리 즐기기'에 도전해 보세요!

» Yes가 4개 이하일 경우
'메인요리1~3'을 집중해서 확인 후 '메인요리 즐기기'에 도전해 보세요!

메인요리 ❶

몸이 아플 때, 이것만 알면 끝!

hururuk_official

3.2만 75 1,000 1.5만

sidaeedu님 외 **여러 명**이 좋아합니다

hururuk_official 너무 열심히 놀았나봐요 머리가 빙글빙글 도네요 #오늘은자중해야지#아이고아파#술은적당히

- '気分が悪い(키붕- 가와루이)(몸이 안 좋다, 메스껍다)'는 일본 사람들이 일상적으로 정말 많이 쓰는 컨디션 표현이에요. 한자와 발음만 봤을 때는 기분이 나쁘다는 의미 같지만, 실제로는 어지러움, 메스꺼움, 갑작스러운 컨디션 저하 등 신체 전반적으로 컨디션이 안 좋을 때 활용할 수 있어요. 구체적인 병명을 말하지 않더라도 이 표현 하나면 주변 사람에게 상황 설명이 가능하답니다.
- 정말 긴급하고 즉각적인 도움이 필요할 때는 '助けてください(타스케떼 쿠다사이)(도와 주세요)'라고 하면 돼요.

후루룩! 여행 단어 체크인

いたい [이따이] 아프다	あたま [아따마] 머리
おなか [오나까] 배	ねつ [네쯔] 열
*きぶんがわるい [키붕-가와루이] 몸이 안 좋다, 메스껍다	めまい [메마이] 어지럼증
けが [케가] 부상	やけど [야케도] 화상

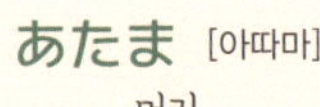

메인요리 즐기기

우리말 뜻을 보고 알맞은 단어를 일본어로 써 보자!

1 아프다	2 머리
3 배	4 열
5 몸이 안 좋다, 메스껍다	6 어지럼증
7 부상	8 화상

빈칸에 알맞은 단어를 넣어 여행 회화를 연습해 보자!

1 すいません、＿＿＿＿が＿＿＿＿くて
＿＿＿＿が＿＿＿＿です。
[스이마셍- 아따마가 이따쿠떼 키붕-가 와루이데스]
죄송한데, 머리가 아프고 속이 안 좋아요.

2 ころんで　あしを＿＿＿＿しました。
[코론-데 아시오 케가 시마시따]
넘어져서 다리를 다쳤어요.

3 ＿＿＿＿が　ひどくて、うごけません。
[메마이가 히도쿠떼 우고케마셍-]
어지럼증이 심해서 움직일 수 없어요.

정답은 요리즐기기 정답 173p에서 확인!

메인요리 ❷

병원&약국에서, 이것만 알면 끝!

- 감기약, 두통약, 복통약, 근육통약, 멀미약 등은 가까운 드럭스토어에서도 구할 수 있어요. 매장 내 가운을 입고 있는 '薬剤師(야꾸자이 시)(약사)'에게 증상을 설명해 보세요. 참고로 감기약은 '風邪薬(카제구스리)'라고 한답니다.
- 장기 여행을 계획 중이거나 병원 갈 일이 생길 것 같다면 출국 전에 꼭 '해외 여행자 보험'을 들고 가는 걸 추천해요. 현지 병원 진료 시에는 우선 자비 부담이지만, 귀국 후 진료내역서와 영수증 등을 보험사에 제출하면 병원비를 돌려 받을 수 있어요.

후루룩! 여행 단어 체크인

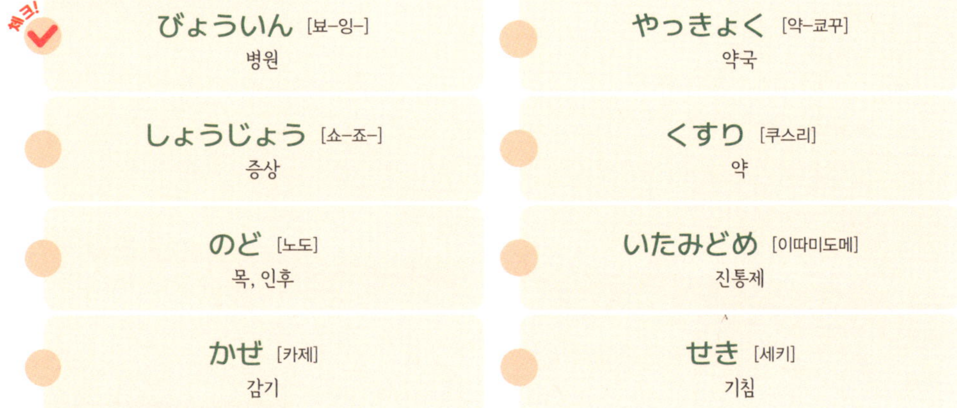

체크!

びょういん [뵤-잉-] 병원	やっきょく [약-쿄꾸] 약국
しょうじょう [쇼-죠-] 증상	くすり [쿠스리] 약
のど [노도] 목, 인후	いたみどめ [이따미도메] 진통제
かぜ [카제] 감기	せき [세키] 기침

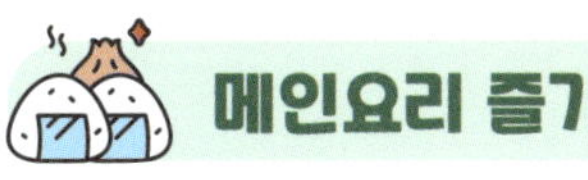

메인요리 즐기기

우리말 뜻을 보고 알맞은 단어를 일본어로 써 보자!

1 병원	2 약국
3 증상	4 약
5 목, 인후	6 진통제
7 감기	8 기침

빈칸에 알맞은 단어를 넣어 여행 회화를 연습해 보자!

1 ＿＿＿＿で ＿＿＿＿を　かいたいです。

[약-쿄꾸데　이따미도메오　카이따이데스]

약국에서 진통제를 사고 싶어요.

2 ＿＿＿＿と ＿＿＿＿の　いたみに　きく

＿＿＿＿は　ありますか。

[세키또　노도노　이따미니　키쿠　쿠스리와　아리마스까]

기침이랑 목 통증에 효과 있는 약이 있나요?

3 ＿＿＿＿に　行(い)った　ほうが　いいですか。

[뵤-인-니　잇-따　호-가　이-데스까]

병원에 가는 게 좋을까요?

정답은 요리즐기기 정답 173p에서 확인!

메인요리 ❸

사고&분실&도움 요청, 이것만 알면 끝!

여행 Tips!

일본에선 허락 없이 콘센트를 사용해서는 안 돼요. 무단 사용으로 적발되었을 때 심하면 절도죄로 신고 당할 수 있답니다. 전기 사용에 민감하다 보니 '電気泥棒(뎅-끼도로보-)(전기도둑)'이라는 말까지 생겨났을 정도예요. 급한 경우에는 꼭 'コンセント使えますか(콘-센-또 츠카에마스까)(콘센트 사용 가능할까요?)'라는 말로 사전에 허락을 구해 주세요.

후루룩! 여행 단어 체크인

체크!

さいふ [사이후] 지갑	パスポート [파스포-또] 여권
スマホ [스마호] 스마트폰, 휴대폰	じゅうでん [쥬-뎅-] (전자기기) 충전
こうつうじこ [코-쯔-지코] 교통사고	わかりません [와까리마셍-] 모르겠어요
トラブル [토라부루] 문제	けいさつ [케-사쯔] 경찰

메인요리 즐기기

우리말 뜻을 보고 알맞은 단어를 일본어로 써 보자!

1 지갑	2 여권
3 스마트폰, 휴대폰	4 (전자기기) 충전
5 교통사고	6 모르겠어요
7 문제	8 경찰

빈칸에 알맞은 단어를 넣어 여행 회화를 연습해 보자!

1 ＿＿＿＿＿＿ を　なくしました。
[파스포–또오　나쿠시마시따]
여권을 잃어버렸어요.

2 ＿＿＿＿＿＿ の ＿＿＿＿＿＿ が　できる　ところは　ありませんか。
[스마호노　쥬–뎅–가　데키루　토꼬로와　아리마셍–까]
휴대폰 충전할 수 있는 곳 없을까요?

3 ちょっと ＿＿＿＿＿＿ が　あって　こまってるんです。
[촛–또　토라부루가　앗–떼　코맛–떼룬–데스]
조금 문제가 생겨서 곤란해요.

정답은 요리즐기기 정답 173p에서 확인!

학습을 마친 후, 얼마나 이해했는지 다시 한번 체크해 보세요!

	그렇다	보통이다	모르겠다
★ 'きぶんがわるい'라는 말의 의미를 설명할 수 있다.	☐	☐	☐
★ 정말 긴급할 때 활용할 수 있는 표현을 알고 있다.	☐	☐	☐
★ 약국에서 감기약을 요청할 수 있다.	☐	☐	☐
★ 일본 병원 진료비를 환급 받는 법을 알고 있다.	☐	☐	☐
★ 스마트폰을 분실했다고 말할 수 있다.	☐	☐	☐
★ 현지 콘센트 사용 관련 매너를 알고 있다.	☐	☐	☐

* 스코어 계산법 :
그렇다=3점, 보통이다=2점, 모르겠다=1점

나의 합계 스코어는 ______ 점

☑ 셀프진단

» 14점 이상 ★★★
정말 훌륭합니다! '메인 요리1~3'을 입으로 뱉어 본 후 바로 학습을 종료해 주세요.

» 9~13점 ★★
거의 다 왔습니다! 약한 부분만 시간에 맞춰 다시 학습한 후 학습을 종료해 주세요.

» 9점 미만 ★
괜찮아요! 다시 한번 차근차근 '메인 요리1~3'을 학습해 봅시다!

DAY 13

원어민 음성듣기

"귀멸의 칼날 가챠는 없나요?"

오늘의 후루룩 코스

애피타이저

메인요리1~3

디저트

Day 13 학습을 모두 마치면

가챠, 피규어, 프리쿠라 등 일본 현지 다양한 놀거리와 관련된 어휘를 배우고 마음껏 즐길 수 있어요.

후루룩 학습법

▸ 25분 학습 ◂ + ▸ 5분 휴식 ◂ = "1일 1후루룩 했다!"

1분 워밍업

- **애피타이저** 학습 전 셀프 체크하기

24분 집중

- **메인요리 ❶** 가챠숍에서 놀기
- **요리 즐기기** 어휘 퀴즈 & 여행 회화
- **메인요리 ❷** 피규어숍에서 놀기
- **요리 즐기기** 어휘 퀴즈 & 여행 회화
- **메인요리 ❸** 프리쿠라 찍고 놀기
- **요리 즐기기** 어휘 퀴즈 & 여행 회화

5분 휴식

- **디저트** 학습 후 다시 한번 셀프 진단하기

학습을 시작하기 전, 내가 얼마나 알고 있는지 셀프 체크를 해 봅시다.

	YES	NO
★ '귀멸의 칼날' 가챠는 없는지 물어볼 수 있다.	☐	☐
★ 가챠의 성지가 어디인지 알고 있다.	☐	☐
★ '진격의 거인' 피규어가 있는지 물어볼 수 있다.	☐	☐
★ 대표적인 피규어 체인점을 알고 있다.	☐	☐
★ 프리쿠라의 '꾸미기' 기능을 일본어로 말할 수 있다.	☐	☐
★ 프리쿠라의 특징에 대해 설명할 수 있다.	☐	☐

☑ 셀프진단

» Yes가 4개 이상일 경우
'메인요리1~3'을 빠르게 확인 후 '메인요리 즐기기'에 도전해 보세요!

» Yes가 4개 이하일 경우
'메인요리1~3'을 집중해서 확인 후 '메인요리 즐기기'에 도전해 보세요!

메인요리 ❶

가챠숍에서 놀기, 이것만 알면 끝!

hururuk_official

3.2만 75 1,000 1.5만

sidaeedu님 외 **여러 명**이 좋아합니다

hururuk_official 원하는 가챠 뽑을 때까지 계속 돌릴거야 #가챠숍에서 만엔씀#니콘미니어쳐갖고픔

일본에서 'ガチャ(가챠)'는 아이들뿐만 아니라 어른들도 진심인 일종의 '취미 문화'예요. 도쿄의 '아키하바라', '이케부쿠로'나 오사카의 '닛폰바시 덴덴 타운', '신사이바시'는 가챠의 성지라고 할 수 있어요.

후루룩! 여행 단어 체크인

체크! *ガチャ [가챠] 가챠	コイン [코잉–] 동전
りょうがえ [료–가에] 환전	しんさく [신–사쿠] 신작
カプセル [카푸세루] 캡슐	オリジナル [오리지나루] 오리지널
ハンドル [한–도루] 손잡이	へんきゃく [헹–캬꾸] 반환

메인요리 즐기기

우리말 뜻을 보고 알맞은 단어를 일본어로 써 보자!

1 가챠	2 동전
3 환전	4 신작
5 캡슐	6 오리지널
7 손잡이	8 반환

빈칸에 알맞은 단어를 넣어 여행 회화를 연습해 보자!

1 「きめつの　やいば」の ＿＿＿＿＿＿ は　ないですか。

[키메쯔노 야이바노 가챠와 나이데스까]

귀멸의 칼날 가챠는 없나요?

2 ＿＿＿＿＿＿ が　まわらないんです。

[한-도루가 마와라니인-데스]

손잡이가 안 돌아가요.

3 ＿＿＿＿＿＿ が　つまった　みたいです。

[코잉-가 츠맛-따 미따이데스]

동전이 걸린 것 같아요.

정답은 요리즐기기 정답 174p에서 확인!

메인요리 ❷

피규어숍에서 놀기, 이것만 알면 끝!

- 일본 중고 피규어는 상태 관리를 매우 철저하게 하는 편이기 때문에, 원하는 피규어 신제품이 없을 땐 중고 쪽으로 찾아보는 것도 좋아요. '未開封(미개봉)', '箱なし(박스 없음)' 등의 표기를 참고하면서 쇼핑해 보세요.
- 대표적인 현지 피규어숍 체인점으로는 'まんだらけ(만다라케)'와 'アニメイト(아니메이트)' 등이 있어요.

후루룩! 여행 단어 체크인

フィギュア [휘규아] 피규어	アニメ [아니메] 애니메이션
プラモデル [푸라모데루] 프라모델	しんぴん [심-삥-] 신제품
ちゅうこひん [츄-코힝-] 중고품	きず [키즈] 흠집
ショーケース [쇼-케-스] 유리 진열장	はこつき [하코츠키] 박스 포함

메인요리 즐기기

우리말 뜻을 보고 알맞은 단어를 일본어로 써 보자!

1 피규어	2 애니메이션
3 프라모델	4 신제품
5 중고품	6 흠집
7 유리 진열장	8 박스 포함

빈칸에 알맞은 단어를 넣어 여행 회화를 연습해 보자!

1 「しんげきの　きょじん」の ______ は　とりあつかってるんですか。
[신-게끼노　쿄진-노　휘규아와　토리아츠캇-떼룬-데스까]
진격의 거인 피규어는 취급하고 있나요?

2 나: これ、______ ですか。
[고레　심-삥-데스까]
이거 신제품인가요?

점원: それは ______ です。 でも、______ などはありません。
[소레와　츄-코힝-데스　데모　키즈나도와　아리마셍-　]
그건 중고품이에요. 하지만 흠집 같은 건 없어요.

정답은 요리즐기기 정답 174p에서 확인!

메인요리 ❸

프리쿠라 찍고 놀기, 이것만 알면 끝!

- 일본 ‘プリクラ(프리쿠라)’는 눈 커짐, 턱 갸름, 피부 밝기 등의 보정이 기본값이에요. 그러다 보니 찍고 나면 “와 이게 누구지?” 싶은 생각에 웃음이 난답니다. 사실 찍는 것보다 ‘落書き(꾸미기)’ 하는 시간이 더 길어요. 글자, 하트, 이름을 왕창 넣어서 즐거운 추억을 만들어 보세요.
- 보안, 방범상의 이유로 남성들끼리만 출입하는 것은 제한되는 경우가 있어요.

후루룩! 여행 단어 체크인

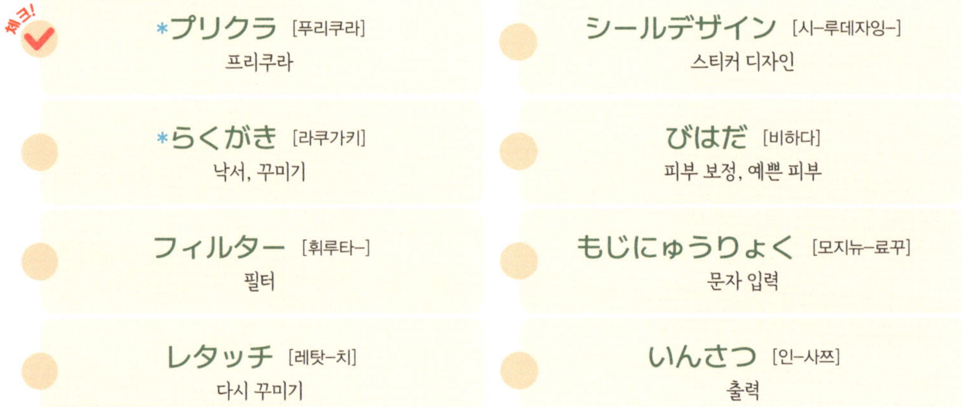

체크!

- *プリクラ [푸리쿠라] 프리쿠라
- シールデザイン [시-루데자잉-] 스티커 디자인
- *らくがき [라쿠가키] 낙서, 꾸미기
- びはだ [비하다] 피부 보정, 예쁜 피부
- フィルター [휘루타-] 필터
- もじにゅうりょく [모지뉴-료꾸] 문자 입력
- レタッチ [레탓-치] 다시 꾸미기
- いんさつ [인-사쯔] 출력

메인요리 즐기기

우리말 뜻을 보고 알맞은 단어를 일본어로 써 보자!

1 프리쿠라	2 스티커 디자인
3 낙서, 꾸미기	4 피부 보정, 예쁜 피부
5 필터	6 문자 입력
7 다시 꾸미기	8 출력

빈칸에 알맞은 단어를 넣어 여행 회화를 연습해 보자!

1 나: かこうなしの ＿＿＿＿ も　ありますか。
[카코–나시노 푸리쿠라모 아리마스까]
보정 없는 프리쿠라도 있나요?

점원: はい、 こちらは　かこうなしで　さつえい　できます。
[하이 고찌라와 카코–나시데 사쯔에– 데키마스]
네, 이건 보정 없이 촬영할 수 있어요.

2 ＿＿＿＿ します。 しばらく　お待(ま)ち　ください。
[인–사쯔시마스 시바라꾸 오마치 쿠다사이]
출력합니다. 잠시만 기다려 주십시오.

정답은 요리즐기기 정답 174p에서 확인!

학습을 마친 후, 얼마나 이해했는지 다시 한번 체크해 보세요!

	그렇다	보통이다	모르겠다
★ 가챠 기계에 동전이 걸렸다고 말할 수 있다.	☐	☐	☐
★ ‘チェインソーマン(체인소맨)’의 가챠가 있는지 물어볼 수 있다.	☐	☐	☐
★ 점원에게 중고 피규어인지 물어볼 수 있다.	☐	☐	☐
★ ‘みかいふう’, ‘はこなし’가 어떤 의미인지 안다.	☐	☐	☐
★ ‘らくがき’가 어떤 의미인지 설명할 수 있다.	☐	☐	☐
★ 보정 없는 프리쿠라 기계가 있는지 물어볼 수 있다.	☐	☐	☐

(‘チェインソーマン’ 위 발음: 체 인 - 소 - 망 -)

* 스코어 계산법 :
그렇다=3점, 보통이다=2점, 모르겠다=1점

나의 합계 스코어는 ______ 점

☑ 셀프진단

» **14점 이상 ★★★**
정말 훌륭합니다! ‘메인 요리1~3’을 입으로 뱉어 본 후 바로 학습을 종료해 주세요.

» **9~13점 ★★**
거의 다 왔습니다! 약한 부분만 시간에 맞춰 다시 학습한 후 학습을 종료해 주세요.

» **9점 미만 ★**
괜찮아요! 다시 한번 차근차근 ‘메인 요리1~3’을 학습해 봅시다!

원어민 음성듣기

"27번 게이트는 어떻게 가나요?"

오늘의 후루룩 코스

애피타이저

메인요리1~3

디저트

Day 14 학습을 모두 마치면

귀국편 항공편 탑승 및 수하물 수속, 보안 검사와 출국 심사, 그리고 탑승과 관련된 어휘를 배우고 실전에서 활용해 볼 수 있어요.

후루룩 학습법

▸ 25분 학습 ◂ + ▸ 5분 휴식 ◂ = "1일 1후루룩 했다!"

1분 워밍업

- **애피타이저** 학습 전 셀프 체크하기

24분 집중

- **메인요리 ❶** 탑승 수속과 짐 맡기기
- **요리 즐기기** 어휘 퀴즈 & 여행 회화
- **메인요리 ❷** 보안 검색과 출국 심사
- **요리 즐기기** 어휘 퀴즈 & 여행 회화
- **메인요리 ❸** 탑승구 찾기와 탑승
- **요리 즐기기** 어휘 퀴즈 & 여행 회화

5분 휴식

- **디저트** 학습 후 다시 한번 셀프 진단하기

학습을 시작하기 전, 내가 얼마나 알고 있는지 셀프 체크를 해 봅시다.

	YES	NO
★ 직원에게 깨지기 쉬운 물건이 있다고 전달할 수 있다.	☐	☐
★ 원하는 비행기 좌석을 요청할 수 있다.	☐	☐
★ '노트북'을 일본어로 말할 수 있다.	☐	☐
★ '탑승권'을 일본어로 말할 수 있다.	☐	☐
★ '탑승구', '게이트'를 일본어로 알고 있다.	☐	☐
★ 직원에게 탑승구까지 가는 길을 물어볼 수 있다.	☐	☐

☑ 셀프진단

» Yes가 4개 이상일 경우
'메인요리1~3'을 빠르게 확인 후 '메인요리 즐기기'에 도전해 보세요!

» Yes가 4개 이하일 경우
'메인요리1~3'을 집중해서 확인 후 '메인요리 즐기기'에 도전해 보세요!

메인요리 ❶

탑승 수속과 짐 맡기기, 이것만 알면 끝!

hururuk_official

3.2만 75 1,000 1.5만

sidaeedu님 외 **여러 명**이 좋아합니다

hururuk_official 오미야게를 너무 많이 사서 캐리어가 빵빵 ㅎㅎ 오버 차지 없기를 #집에가는날#아쉬움

- 창가 쪽 좌석을 원할 때는 직원에게 '窓側の席[마도가와 노 세키](창가 쪽 좌석)'을 활용해서 부탁해 보세요.
- 깨지기 쉬운 물건이나 기념품 등이 있을 경우 '壊れ物[코와 레 모노] 注意シール[츄- 이 시 - 루](파손주의 스티커)'를 요청하면 좋아요.

후루룩! 여행 단어 체크인

- スーツケース [스-츠케-스] 여행 가방, 캐리어
- おもさ [오모사] 무게
- きないもちこみ [키나이모찌코미] 기내 반입
- ガラス [가라스] 유리
- きちょうひん [키쵸-힝-] 귀중품
- こわれやすい [코와레야스이] 깨지기 쉬운
- つうろがわ [츠-로가와] 통로 쪽
- おあずけてにもつ [오아즈케테니모쯔] 위탁 수하물

메인요리 즐기기

우리말 뜻을 보고 알맞은 단어를 일본어로 써 보자!

1 여행 가방, 캐리어		2 무게	
3 기내 반입		4 유리	
5 귀중품		6 깨지기 쉬운	
7 통로 쪽		8 위탁 수하물	

빈칸에 알맞은 단어를 넣어 여행 회화를 연습해 보자!

1 직원: 中(なか)に ________ もの などは ございますか。

[나까니 코와레야스이 모노 나도와 고자이마스까]

안에 깨지기 쉬운 물건 같은 건 있으신가요?

나: はい、________ の コップが 入(はい)っています。

[하이 가라스노 콥–뿌가 하잇–떼이마스]

네 유리컵이 들어 있어요.

3 ________ の せきを おねがい できますか。

[츠–로가와노 세키오 오네가이 데키마스까]

통로 쪽 좌석으로 부탁드려도 될까요?

정답은 요리즐기기 정답 175p에서 확인!

메인요리 ❷

보안 검색과 출국 심사, 이것만 알면 끝!

hururuk_official

2.7만 83 925 1.8만

sidaeedu님 외 **여러 명**이 좋아합니다

hururuk_official 보안 검색대에 있으면 괜히 찔려요 #죄없는데#죄를진것같은느낌

반지, 벨트, 귀걸이 등 '金属類[킨-조꾸루이](금속류)'를 몸에 지니고 있다면, 보안 요원에 요청에 따라 미리 빼 두는 편이 좋아요.

후루룩! 여행 단어 체크인

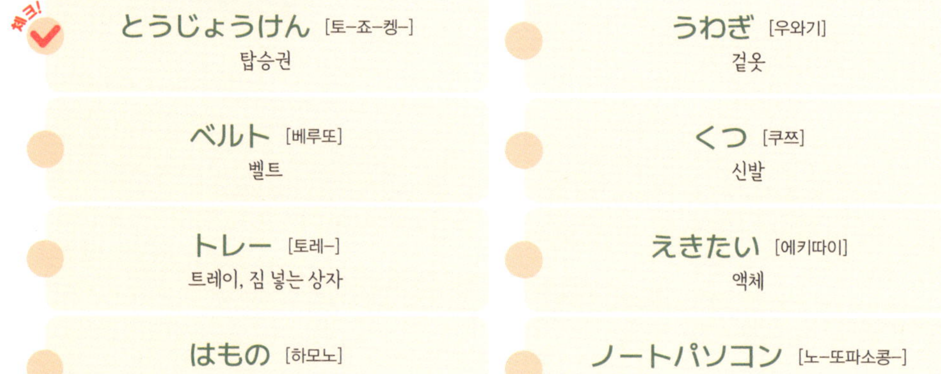

とうじょうけん [토-죠-켕-] 탑승권	うわぎ [우와기] 겉옷
ベルト [베루또] 벨트	くつ [쿠쯔] 신발
トレー [토레-] 트레이, 짐 넣는 상자	えきたい [에키따이] 액체
はもの [하모노] 날붙이, 칼류	ノートパソコン [노-또파소콩-] 노트북

메인요리 즐기기

우리말 뜻을 보고 알맞은 단어를 일본어로 써 보자!

1 탑승권	2 겉옷
3 벨트	4 신발
5 트레이, 짐 넣는 상자	6 액체
7 날붙이, 칼류	8 노트북

빈칸에 알맞은 단어를 넣어 여행 회화를 연습해 보자!

1 ＿＿＿＿＿＿ を　ぬいで　ください。
[우와기오 누이데 쿠다사이]
겉옷을 벗어 주세요.

2 ＿＿＿＿＿＿ は ＿＿＿＿＿＿ に　入(い)れますか。
[노-또파소콩-와 토레-니 이레마스까]
노트북은 트레이에 넣나요?

3 パスポートと ＿＿＿＿＿＿ の　ごていじを　おねがいします。
[파스포-또또 토-죠-켄노 고테-지오 오네가이시마스]
여권과 탑승권을 제시해 주세요.

정답은 요리즐기기 정답 175p에서 확인!

메인요리 ❸

탑승구 찾기와 탑승, 이것만 알면 끝!

일본 공항은 정시 출발, 시간 엄수 등을 철저하게 하는 편이기 때문에, 좀 더 여유있게 탑승구 근처에 가 있는 것이 좋아요. '搭乗券(토-죠-켕-)(탑승권)'과 'パスポート(파스포-또)(여권)'을 미리 준비해 두면 더욱 원활하게 탑승 수속을 마칠 수 있답니다.

후루룩! 여행 단어 체크인

とうじょうぐち [토-죠-구찌] 탑승구	しゅっぱつ [슙-빠쯔] 출발
ゲート [게-토] 게이트	およびだし [오요비다시] 승객 호출
こうくう [코-쿠-] 항공	かかりいん [카카리잉-] 공항 직원
しきゅう [시큐-] 긴급히, 즉시	さま [사마] ~님

메인요리 즐기기

우리말 뜻을 보고 알맞은 단어를 일본어로 써 보자!

1 탑승구	2 출발
3 게이트	4 승객 호출
5 항공	6 공항 직원
7 긴급히, 즉시	8 ~님

빈칸에 알맞은 단어를 넣어 여행 회화를 연습해 보자!

1 だいかん＿＿＿＿ より　おきゃく＿＿＿＿ の
＿＿＿＿ を　もうしあげます。
[다이칸-코-쿠-요리 오캬쿠사마노 오요비다시오 모-시아게마스]
대한항공에서 고객님 호출에 대해 안내 말씀드립니다.

2 27番(にじゅうななばん)＿＿＿＿ は　どうやって　行(い)きますか。
[니쥬-나나방- 게-토와 도-얏-떼 이키마스까]
27번 게이트는 어떻게 가나요?

3 すいません、＿＿＿＿ まで　つれていって　もらえますか。
[스이마셍- 토-죠-구찌마데 츠레떼잇-떼 모라에마스까]
죄송한데요, 탑승구까지 데려다 주실 수 있나요?

정답은 요리즐기기 정답 175p에서 확인!

학습을 마친 후, 얼마나 이해했는지 다시 한번 체크해 보세요!

	그렇다	보통이다	모르겠다
★ 캐리어 안에 귀중품이 있다고 말할 수 있다.	☐	☐	☐
★ '창가 쪽 좌석'을 부탁할 수 있다.	☐	☐	☐
★ 'えきたい'가 어떤 의미인지 알고 있다.	☐	☐	☐
★ 'はもの'가 어떤 의미인지 알고 있다.	☐	☐	☐
★ '승객 호출'을 뜻하는 일본어를 말할 수 있다.	☐	☐	☐
★ 27번 게이트까지 데려다 달라고 부탁할 수 있다.	☐	☐	☐

* 스코어 계산법 :
그렇다=3점, 보통이다=2점, 모르겠다=1점

나의 합계 스코어는 ______ 점

☑ 셀프진단

» 14점 이상 ★★★
정말 훌륭합니다! '메인 요리1~3'을 입으로 뱉어 본 후 바로 학습을 종료해 주세요.

» 9~13점 ★★
거의 다 왔습니다! 약한 부분만 시간에 맞춰 다시 학습한 후 학습을 종료해 주세요.

» 9점 미만 ★
괜찮아요! 다시 한번 차근차근 '메인 요리1~3'을 학습해 봅시다!

생존 여행단어 + 말하기

- 메인요리 즐기기 정답
- 후루룩 플러스 단어 모음집

메인요리 즐기기 정답

DAY 1

메인요리 ❶ - 메인요리 즐기기 p.25

1	あげもの	2	ごはん
3	さしみ	4	ドリンク
5	やきもの	6	デザート
7	サラダ	8	おすすめ

1 さしみ の　もりあわせ　ください。
2 ほんじつの　おすすめ は　何(なん)ですか。
3 シーザー サラダ と　フライドポテト おねがいします。

메인요리 ❷ - 메인요리 즐기기 p.27

1	なまビール	2	カクテル
3	にほんしゅ	4	チューハイ
5	ワイン	6	うめしゅ
7	ハイボール	8	ソフトドリンク

1 とりあえず　なまビール　ください。
2 しろ ワイン を　グラスで　おねがいします。
3 はじめての　人(ひと)も　のみやすい にほんしゅ は　ないですか。

메인요리 ❸ - 메인요리 즐기기 p.29

1	からあげ	2	やきそば
3	たまごやき	4	もつにこみ
5	たこわさ	6	やきとり
7	ひややっこ	8	えだまめ

1 やきとり は　タレと　しお、どちらに なさいますか。
2 このみせ　いちおしの　やきそば は 何(なん)ですか。

DAY 2

메인요리 ❶ - 메인요리 즐기기 p.35

1	プリン	2	やきそばパン
3	カツサンド	4	メロンパン
5	どらやき	6	クレープ
7	クリームシュー	8	ロールケーキ

1 この やきそばパン、あたためて ください。

2 すいません、クリームシューは どこに ありますか。

3 チョコチップ メロンパンを さがしてるんですが。

메인요리 ❷ - 메인요리 즐기기 p.37

1	ツナマヨ	2	めんたいこ
3	おかか	4	さけ・しゃけ
5	こんぶ	6	うめぼし
7	なっとう	8	イクラ

1 あのー、ツナマヨの おにぎりは もう ないですか。

2 なっとう あじは ちょっと にがてです。

메인요리 ❸ - 메인요리 즐기기 p.39

1	こうちゃ	2	ミルクティー
3	りょくちゃ	4	コーヒー
5	ぎゅうにゅう	6	むぎちゃ
7	ヨーグルト	8	ほうじちゃ

1 「のむバニラ ヨーグルト」は うりきれですか。

2 カフェインゼロの りょくちゃは ありませんか。

3 この ぎゅうにゅう、今日(きょう)のですか。

DAY 3

메인요리 ❶ - 메인요리 즐기기 p.45

1	チェックイン	2	ちょうしょく
3	にもつ	4	アーリー チェックイン
5	きんえんルーム	6	チェックアウト
7	ごうしつ	8	ミニバー

1 チェックイン を　おねがいします。

2 チェックイン　前(まえ)に　にもつ を　あずけられますか。

메인요리 ❷ - 메인요리 즐기기 p.47

1	アメニティ	2	タオル
3	エアコン	4	でんき
5	トイレット ペーパー	6	こしょう
7	ルームキー	8	リモコン

1 ついかの　タオル を　もらえますか。

2 エアコン の　つけかたが　わからないんです。

3 テレビの　リモコン が　こしょう して　いる　みたいです。

메인요리 ❸ - 메인요리 즐기기 p.49

1	エレベーター	2	ロビー
3	ジム	4	レストラン
5	だいよくじょう	6	ランドリー ルーム
7	ラウンジ	8	プール

1 ジム は　なんじから　つかえますか。

2 プール は　なんがいですか。

3 ラウンジ は　よやくが　いりますか。

DAY 4

메인요리 ❶ - 메인요리 즐기기 p.55

1	ハラミ	2	カルビ
3	タン	4	ロース
5	サーロイン	6	サガリ
7	ホルモン	8	ミノ

1 まずは　ハラミ と　ロース で。

2 カルビ を　ににんまえ　ください。

메인요리 ❷ - 메인요리 즐기기 p.57

1	ピーマン	2	たまねぎ
3	しいたけ	4	かぼちゃ
5	じゃがいも	6	ズッキーニ
7	キャベツ	8	エリンギ

1 たまねぎ を　もう　ひとさら　おねがいします。

2 しいたけ は　どのくらい　やくんですか

3 'やさいセット'に　エリンギ は　はいってますか。

메인요리 ❸ - 메인요리 즐기기 p.59

1	れいめん	2	おちゃづけ
3	ビビンバ	4	やきおにぎり
5	スープ	6	アイス
7	シャーベット	8	あんにんとうふ

1 おちゃづけ は　いまからでも　だいじょうぶですか。

2 やきおにぎり は　なんぷんくらい　かかりますか。

3 さっぱりした　アイス は　どれですか

DAY 5

메인요리 ❶ - 메인요리 즐기기 p.65

1	しょうゆラーメン	2	しおラーメン
3	みそラーメン	4	とんこつラーメン
5	つけめん	6	たんたんめん
7	まぜそば	8	ちゅうかそば

1 しおラーメンは　はじめて　たべるんです。

2 みそラーメンの　なかで　からいのは　何(なん)ですか。

3 まぜそばの　おいしい　みせは　どこですか。

메인요리 ❷ - 메인요리 즐기기 p.67

1	あじたま	2	チャーシュー
3	メンマ	4	もやし
5	のり	6	わかめ
7	ねぎ	8	コーン

1 ねぎ　ぬきで　おねがいします。

2 チャーシューを　ついか　できますか。

메인요리 ❸ - 메인요리 즐기기 p.69

1	かため	2	やわらかめ
3	こいめ	4	うすめ
5	おおめ	6	すくなめ
7	ふつう	8	すこし

1 めんは　かためで　おねがいします。

2 ぜんぶ　ふつうに　して　いただけますか。

3 スープは　すこし　うすめで　おねがいできますか。

DAY 6

메인요리 ❶ - 메인요리 즐기기 p.75

1	かいさつ	2	ICカード
3	きっぷ	4	ホーム
5	のりかえ	6	でぐち
7	ゆき	8	しゅうでん

1 グリコサインに　いちばん　ちかい　でぐちは　どこですか。
14ばん　でぐちです。

2 すいません、このでんしゃ　なんばゆきですか。

메인요리 ❷ - 메인요리 즐기기 p.77

1	チャージ	2	りょうがえ
3	せいりけん	4	りょうきん
5	さきばらい	6	あとばらい
7	はっしゃします	8	つぎ、とまります

1 りょうきんは　いくら　はらえば　いい　ですか。
はっしゃします。ごちゅうい　ください。

2 ICカード、チャージ　できますか。

메인요리 ❸ - 메인요리 즐기기 p.79

1	まで	2	このへん
3	じゅうたい	4	おつり
5	すこしさき	6	ひだり
7	みぎ	8	りょうしゅうしょ

1 どうとんぼり　まで　おねがいします。

2 このへんで　だいじょうぶです。

3 すこしさきで　とめて　もらえますか。

DAY 7

메인요리 ❶ - 메인요리 즐기기 p.85

1	アトラクション	2	エリア
3	せいりけん	4	まじじかん
5	マリオカート	6	バタービール
7	ターキーレッグ	8	ウォーターワールド

1 マリオカートの　まちじかん、いまどれくらいですか。

2 バタービール　まだ　ありますか。

3 ニンテンドー・ワールド　エリアに　はいるには　せいりけんが　ひつようですか。

메인요리 ❷ - 메인요리 즐기기 p.87

1	パレード	2	シンデレラじょう
3	ワールドバザール	4	ファストパス
5	ポート	6	ソアリン
7	トイストーリーマニア	8	ポップコーン

1 このれつ、ソアリンですか。

2 ファストパス、もう　おわったんですか。

3 しょうゆバター　あじの　ポップコーンは　どこで　かえますか。

메인요리 ❸ - 메인요리 즐기기 p.89

1	キャラクター	2	グリーティング
3	グッズ	4	しゃしん
5	ハローキティ	6	マイメロディ
7	ショー	8	げんてい

1 マイメロディと　しゃしん　とれますか。

2 ポムポムプリンの　グッズは　どこですか。

3 ピューロランド　げんていですか

DAY 8

메인요리 ❶ - 메인요리 즐기기 p.95

1	おんせん	2	ゆぶね
3	ろてんぶろ	4	かしきりぶろ
5	かぞくぶろ	6	ひがえり おんせん
7	かけゆ	8	あしゆ

1 かしきりぶろ は　ゆうりょうですか。

2 この おんせん では、あしゆ も　たのしめますか。

3 ろてんぶろ は　いくつ　あるんですか。

메인요리 ❷ - 메인요리 즐기기 p.97

1	ゆうしょく	2	へやしょく
3	しょくどう	4	かいせき
5	コース	6	アレルギー
7	おにく	8	さかな

1 ゆうしょく の　じかんは　いつから　いつまでですか。

2 かいせき の　メインは　おにく に　したいんです。

3 へやしょく の　メニューは　えらべるんですか。

메인요리 ❸ - 메인요리 즐기기 p.99

1	わしつ	2	たたみ
3	しょうじ	4	とこのま
5	かけじく	6	まくら
7	ふとん	8	ざぶとん

1 たたみ の　におい　いいですね。

2 ふとん を　すこし　おそめに　しいて　もらえますか。

3 まくら の　カバーを　かえて　いただけますか。

DAY 9

메인요리 ❶ - 메인요리 즐기기 p.105

1	ドラッグストア	2	けしょうひん
3	メイク	4	サプリメント
5	めぐすり	6	シップ
7	シミ	8	こうか

1 メイク ようひんを　さがしてるんです。

2 このクリーム、シミ に　こうか は　ありますか。

메인요리 ❷ - 메인요리 즐기기 p.107

1	おみやげ	2	キーホルダー
3	めいぶつ	4	スイーツ
5	じたくよう	6	プレゼントよう
7	ラッピング	8	ふくろ

1 ご じたくよう ですか。
いいえ、プレゼントよう です。

2 モンチッチの　キーホルダー が　ほしいです。

메인요리 ❸ - 메인요리 즐기기 p.109

1	でんしきき	2	ざいこ
3	デジカメ	4	エアポッズ
5	ゲームソフト	6	うでどけい
7	モデル	8	わりびき

1 この デジカメ、めんぜいで　買(か)えますか。

2 SEIKOの　うでどけい は　ぜんぶ　なんしゅるい　あるんですか。

3 かいがいでも　つかえる　ゲームソフト は　何(なん)ですか。

DAY 10

메인요리 ❶ - 메인요리 즐기기 p.115

1	しろみ	2	たい
3	ひらめ	4	すずき
5	かれい	6	さわら
7	しまあじ	8	いさき

1 しろみ では　たい と　ひらめ が　すきです。

2 すずき って、どんな　味(あじ)ですか。

메인요리 ❷ - 메인요리 즐기기 p.117

1	あかみ	2	まぐろ
3	ちゅうとろ	4	おおとろ
5	かつお	6	さば
7	あじ	8	いわし

1 今日(きょう)は　あかみ を　メインに　食(た)べたいです。

2 ちゅうとろ が　にんきです。あぶらが　ほどよくて　おいしいです。

메인요리 ❸ - 메인요리 즐기기 p.119

1	いか	2	たこ
3	えび	4	あなご
5	いくら	6	うに
7	ぐんかん	8	まき

1 あま えび と　たこ を　ひとつずつ　おねがいします。

2 すいません、ねぎどろ まき と　いくらぐんかん　ください。

3 あなご は　ちゅうもん　できないんですか。

DAY 11

메인요리 ❶ - 메인요리 즐기기 p.125

1	コーヒー	2	アイス
3	ホット	4	サイズ
5	さとう	6	ミルク
7	あまさ	8	ガムシロップ

1 アイスコーヒー　Lサイズで。

2 あまさ　ひかえめで　おねがいします

3 さとうは　だいじょうぶです。
ミルクだけ　ください。

메인요리 ❷ - 메인요리 즐기기 p.127

1	てんない	2	もちかえり
3	せき	4	カウンターせき
5	テーブルせき	6	まどがわ
7	じゅんばんまち	8	あんない

1 てんない　ごりようですか。
いいえ、もちかえりです。

2 今(いま)、じゅんばんまちですか。

메인요리 ❸ - 메인요리 즐기기 p.129

1	おかわり	2	おかいけい
3	レジ	4	げんきん
5	カード	6	レシート
7	まとめて	8	べつべつ

1 まとめて　はらいます。

2 こちら、カードと　レシートで　ございます。

DAY 12

메인요리 ❶ - 메인요리 즐기기 p.135

1	いたい	2	あたま
3	おなか	4	ねつ
5	きぶんがわるい	6	めまい
7	けが	8	やけど

1 すいません、あたまが　いたくて　きぶんが　わるいです。

2 ころんで　あしを　けが　しました。

3 めまいが　ひどくて、うごけません。

메인요리 ❷ - 메인요리 즐기기 p.137

1	びょういん	2	やっきょく
3	しょうじょう	4	くすり
5	のど	6	いたみどめ
7	かぜ	8	せき

1 やっきょくで　いたみどめを　かいたいです。

2 せきと　のどの　いたみに　きく　くすりは　ありますか。

3 びょういんに　行(い)った　ほうが　いいですか。

메인요리 ❸ - 메인요리 즐기기 p.139

1	さいふ	2	パスポート
3	スマホ	4	じゅうでん
5	こうつうじこ	6	わかりません
7	トラブル	8	けいさつ

1 パスポートを　なくしました。

2 スマホの　じゅうでんが　できる　ところは　ありませんか。

3 ちょっと　トラブルが　あって　こまってるんです。

DAY 13

메인요리 ❶ - 메인요리 즐기기 p.145

1	ガチャ	2	コイン
3	りょうがえ	4	しんさく
5	カプセル	6	オリジナル
7	ハンドル	8	へんきゃく

1 「きめつの　やいば」の　ガチャは　ないですか。

2 ハンドルが　まわらないんです。

3 コインが　つまった　みたいです。

메인요리 ❷ - 메인요리 즐기기 p.147

1	フィギュア	2	アニメ
3	プラモデル	4	しんぴん
5	ちゅうこひん	6	きず
7	ショーケース	8	はこつき

1 「しんげきの　きょじん」の　フィギュアは　とりあつかってるんですか。

2 これ、しんぴんですか。
それは　ちゅうこひんです。
でも、きずなどは　ありません。

메인요리 ❸ - 메인요리 즐기기 p.149

1	プリクラ	2	シールデザイン
3	らくがき	4	びはだ
5	フィルター	6	もじにゅうりょく
7	レタッチ	8	いんさつ

1 かこうなしの　プリクラも　ありますか。

2 スマホの　じゅうでんが　できるところは　ありませんか。

3 いんさつします。しばらく　お待(ま)ちください。

DAY 14

메인요리 ❶ - 메인요리 즐기기 p.155

1	スーツケース	2	おもさ
3	きないもちこみ	4	ガラス
5	きちょうひん	6	こわれやすい
7	つうろがわ	8	おあずけ てにもつ

1 中(なか)に こわれやすい もの などは ございますか。
はい、ガラスの コップが 入(はい)っています。

2 つうろがわの せきを おねがい できますか。

메인요리 ❷ - 메인요리 즐기기 p.157

1	とうじょうけん	2	うわぎ
3	ベルト	4	くつ
5	トレー	6	えきたい
7	はもの	8	ノートパソコン

1 うわぎを ぬいで ください。

2 ノートパソコンは トレーに 入(い)れますか。

3 パスポートと とうじょうけんの ごていじを おねがいします。

메인요리 ❸ - 메인요리 즐기기 p.159

1	とうじょうぐち	2	しゅっぱつ
3	ゲート	4	およびだし
5	こうくう	6	かかりいん
7	しきゅう	8	さま

1 だいかんこうくうより おきゃくさまの およびだしを もうしあげます。

2 27番(ばん)ゲートは どうやって 行(い)きますか。

3 すいません、とうじょうぐちまで つれていって もらえますか。

후루룩 플러스 단어 모음집

DAY 1

● もりあわせ [모리아와세]	모둠
● ほんじつ [혼-지쯔]	오늘
● フライドポテト [후라이도포테토]	감자튀김
● とりあえず [토리아에즈]	일단
● グラス [그라스]	글라스, 유리컵
● はじめての [하지메떼노]	처음의
● のみやすい [노미야스이]	마시기 쉽다, 마시기 편하다 *동사 ます형+やすい: ~하기 쉽다, ~하기 편하다
● どちら [도찌라]	어느 쪽, 어느 것
● ぜんぶ [젬-부]	전부
● いちおし [이찌오시]	강추, 가장 추천함

본문에 등장한 추가 단어까지 확인해 봅시다.

DAY 2

● あたためる [아타따메루]	데우다
● どこ [도꼬]	어디
● さがす [사가스]	찾다
● うりきれ [우리키레]	품절, 다 팔림
● あじ [아지]	맛
● ちょっと [춋–또]	조금, 잠깐
● にがてだ [니가테다]	잘 못 하다, 서툴다, 꺼리다
● のむ [노무]	마시다
● カフェイン [카훼잉–]	카페인
● 今日(きょう) [쿄–]	오늘

DAY 3

● おなまえ [오나마에]	성함 *なまえ(이름)를 높여 부르는 말
● うかがう [우카가우]	여쭙다, 찾아뵙다, 살피다
● あずける [아즈케루]	맡기다
● ついか [츠이까]	추가
● つけかた [츠케카따]	켜는 법 *동사 ます형+かた: ~하는 방법
● みたいだ [미따이다]	(마치) ~같다 *동사 사전형+みたいだ: ~같다
● なんじ [난-지]	몇 시
● つかう [츠카우]	쓰다, 사용하다
● なんがい [낭-가이]	몇 층
● よやく [요야꾸]	예약

DAY 4

● ちゅうもん [츄−몽−]	주문
● まず [마즈]	먼저, 일단
● ににんまえ [니닝−마에]	2인분 *숫자+にんまえ: ~인분
● ひとさら [히또사라]	한 접시
● どのくらい [도노쿠라이]	어느 정도
● やく [야꾸]	굽다, 부치다, 태우다
● はいる [하이루]	들어가다, 들어오다
● なんぷん [남−뿡−]	몇 분
● かかる [카카루]	들다, 소요되다, 걸리다
● さっぱり [삽−빠리]	깔끔한, 개운한, 상큼한

DAY 5

たべる [타베루]	먹다
なかで [나까데]	~중에서 *명사+のなかで: ~중에서
からい [카라이]	맵다
おいしい [오이시–]	맛있다
もの [모노]	것, 물건
ぬきで [누키데]	~빼고 *동사 ます형+ぬきで: ~빼고
できる [데끼루]	할 수 있다, 가능하다, 생기다
めん [멩–]	면
スープ [스–뿌]	스프, 국물
すこし [스꼬시]	조금, 약간

DAY 6

● いちばん [이찌방–]	가장, 제일
● ちかい [치까이]	가깝다
● ばん [방–]	~번
● でんしゃ [덴–샤]	전철, 열차
● いくら [이꾸라]	얼마
● はらう [하라우]	지불하다
● ちゅうい [츄–이]	주의
● どうとんぼり [도–톰–보리]	도톰보리 *오사카 중앙구에 위치한 오사카 대표 번화가
● だいじょうぶだ [다이죠–부다]	괜찮다, 문제없다
● とめる [토메루]	멈추다, 세우다

DAY 7

まだ [마다]	아직
ひつようだ [히쯔요–다]	필요하다
どれくらい [도레쿠라이]	얼마나, 어느 정도 *(=どのくらい)
れつ [레쯔]	열, 줄
おわる [오와루]	끝나다
しょうゆ [쇼–유]	일본식 간장
バター [바타–]	버터
かう [카우]	사다
とる [토루]	집다, 들다, (사진을) 찍다
ピューロランド [퓨–로란–도]	산리오 퓨로랜드 *산리오 캐릭터를 만날 수 있는 실내 테마파크

DAY 8

● ゆうりょう [유-료-]	유료
● たのしむ [타노시무]	즐기다
● いくつ [이쿠쯔]	몇 개
● じかん [지깡-]	시간
● ~から ~まで [~까라 ~마데]	~부터 ~까지
● えらぶ [에라부]	선택하다, 고르다
● におい [니오이]	냄새
● おそめ [오소메]	늦게
● しく [시꾸]	깔다
● かえる [카에루]	바꾸다, 교체하다

DAY 9

いらっしゃいませ [이랏–샤이마세]	어서오세요
ようひん [요–힝–]	용품
クリーム [크리–무]	크림
ごじたくよう [고지타쿠요–]	집에 가져가시는 용 *여기서 ご는 높임말
いいえ [이–에]	아니요
ほしい [호시–]	갖고 싶다, 원하다
めんぜい [멘–제–]	면세
しゅるい [슈루이]	종류
かいがい [카이가이]	해외
～でも [~데모]	~에서도 *장소+でも: ~에서도

DAY 10

● すきだ [스끼다]	좋아하다
● どんな [돈–나]	어떤
● くせ [쿠세]	버릇, 잡내, 비린내
● にんき [닝–끼]	인기
● ネタ [네따]	재료, 소재
● あぶら [아부라]	기름, 기름기, 지방
● ほどよい [호도요이]	알맞다, 적당하다
● あまえび [아마에비]	단새우
● ~ずつ [즈쯔]	~씩 *서수+ずつ: ~개씩
● ねぎとろ [네기토로]	다진 참치에 파를 섞은 것

DAY 11

● ブラックコーヒー [브락-꾸코-히-]	블랙커피
● ひかえめ [히까에메]	적게, 조심스럽게
● ～だけ [~다께]	~만 *명사+だけ: ~만
● りよう [리요-]	이용
● 何名(なんめい)さまですか [남-메-사마데스까]	몇 분이세요?
● 1人(ひとり) [히또리]	1명
● 2人(ふたり) [후따리]	2명
● 一緒(いっしょ)で [잇-쇼데]	한꺼번에
● こちら [고찌라]	이쪽
● ごちそうさまでした [고찌소-사마데시따]	잘 먹었습니다

DAY 12

● ころぶ [코로부]	구르다, 넘어지다
● あし [아시]	발, 다리
● ひどい [히도이]	(정도가) 심하다
● うごく [우고쿠]	움직이다
● いたみ [이따미]	아픔, 고통
● きく [키쿠]	(약 등이) 들다, 효과가 있다 *이때 한자는 効를 사용함
● ~たほうがいい [~따호–가이–]	~하는 편이 좋다 *동사 た형+ほうがいい: ~하는 편이 좋다
● なくす [나쿠스]	잃어버리다, 분실하다
● ところ [토꼬로]	곳, 장소
● こまる [코마루]	곤란하다, 난처하다

DAY 13

きめつのやいば [키메쯔노야이바]	귀멸의 칼날
まわる [마와루]	돌다, 회전하다
つまる [츠마루]	막히다, 걸리다
しんげきのきょじん [싱–게끼노쿄징–]	진격의 거인
とりあつかう [토리아츠카우]	취급하다
かいふう [카이후–]	개봉
かこうなし [가코–나시]	보정 없음
さつえい [사쯔에–]	촬영
しばらく [시바라꾸]	잠시, 잠깐
待(ま)つ [마츠]	기다리다

DAY 14

中(なか) [나까]	안, 속
コップ [콥-뿌]	컵
せき [세키]	자리, 좌석
ぬぐ [누구]	(옷 등을) 벗다
入(い)れる [이레루]	넣다
パスポート [파스포-또]	여권
ていじ [테-지]	제시
おきゃくさま [오캬쿠사마]	손님
どうやって [도-얏-떼]	어떻게, 어떻게 해서
つれていく [츠레떼이꾸]	데려가다

MEMO

후루룩 일본어 생존 여행단어 + 말하기

초 판 발 행	2026년 04월 15일 (인쇄 2026년 01월 30일)
발 행 인	박영일
책 임 편 집	이해욱
저 자	이동준 · 후루룩외국어연구소
기 획 편 집	이동준 · 신명숙
표지디자인	김지수
본문디자인	임아람 · 김휘주
일 러 스 트	기도연
발 행 처	시대에듀
공 급 처	(주)시대고시기획
출 판 등 록	제 10-1521호
주 소	서울시 마포구 큰우물로 75 [도화동 538 성지 B/D] 9F
전 화	1600-3600
팩 스	02-701-8823
홈 페 이 지	www.sdedu.co.kr

I S B N	979-11-434-0896-9 (13730)

정 가	14,000원

'후루룩외국어'는 종합교육그룹 (주)시대고시기획 · 시대교육의 외국어 브랜드입니다.

후루룩 외국어